大家小书

清史寻踪

戴逸 著　黄爱平 编

北京出版集团公司
北京出版社

图书在版编目（CIP）数据

清史寻踪 / 戴逸著；黄爱平编. — 北京：北京出版社，2017. 5
（大家小书）
ISBN 978-7-200-12580-1

Ⅰ. ①清… Ⅱ. ①戴… ②黄… Ⅲ. ①中国历史—清代—通俗读物 Ⅳ. ①K209

中国版本图书馆CIP数据核字（2016）第255474号

总策划：安 东 高立志　　责任编辑：陶宇辰

· 大家小书 ·
清史寻踪
QINGSHI XUNZONG
戴 逸 著 黄爱平 编
*
北京出版集团公司
北京出版社 出版
（北京北三环中路6号 邮政编码：100120）
网 址：www.bph.com.cn
北京出版集团公司总发行
新华书店经销
北京华联印刷有限公司印刷
*
880毫米×1230毫米 32开本 9.875印张 160千字
2017年5月第1版 2022年12月第3次印刷
ISBN 978-7-200-12580-1
定价：39.00元
如有印装质量问题，由本社负责调换
质量监督电话：010-58572393

序　　言

袁行霈

“大家小书”，是一个很俏皮的名称。此所谓“大家”，包括两方面的含义：一、书的作者是大家；二、书是写给大家看的，是大家的读物。所谓“小书”者，只是就其篇幅而言，篇幅显得小一些罢了。若论学术性则不但不轻，有些倒是相当重。其实，篇幅大小也是相对的，一部书十万字，在今天的印刷条件下，似乎算小书，若在老子、孔子的时代，又何尝就小呢?

编辑这套丛书，有一个用意就是节省读者的时间，让读者在较短的时间内获得较多的知识。在信息爆炸的时代，人们要学的东西太多了。补习，遂成为经常的需要。如果不善于补习，东抓一把，西抓一把，今天补这，明天补那，效果未必很好。如果把读书当成吃补药，还会失去读书时应有的那份从容和快乐。这套丛书每本的篇幅都小，读者即使细细地阅读慢慢地体味，也花不了多少时间，可以充分享受读书的乐趣。如果把它们当成补药来吃也行，剂量小，吃起来方便，消化起来也容易。

我们还有一个用意，就是想做一点文化积累的工作。把那些经过时间考验的、读者认同的著作，搜集到一起印刷出版，使之不至于泯没。有些书曾经畅销一时，但现在已经不容易得到；有些书当时或许没有引起很多人注意，但时间证明它们价值不菲。这两类书都需要挖掘出来，让它们重现光芒。科技类的图书偏重实用，一过时就不会有太多读者了，除了研究科技史的人还要用到之外。人文科学则不然，有许多书是常读常新的。然而，这套丛书也不都是旧书的重版，我们也想请一些著名的学者新写一些学术性和普及性兼备的小书，以满足读者日益增长的需求。

“大家小书”的开本不大，读者可以揣进衣兜里，随时随地掏出来读上几页。在路边等人的时候，在排队买戏票的时候，在车上、在公园里，都可以读。这样的读者多了，会为社会增添一些文化的色彩和学习的气氛，岂不是一件好事吗？

“大家小书”出版在即，出版社同志命我撰序说明原委。既然这套丛书标示书之小，序言当然也应以短小为宜。该说的都说了，就此搁笔吧。

理念归宿、精神依托与生命安宅

——写在戴逸先生《清史寻踪》编选出版之际

黄爱平

呈现在读者面前的这本小书，是著名历史学家、国家清史编纂委员会主任戴逸先生的文章选辑。戴逸先生作为具有深厚学术造诣、做出了卓越学术贡献的清史大家，为什么要出版这样一本小书？他的成长历程和治学经历如何？这本小书精选了哪些文章，又反映出什么特点？所有这些，或许都是读者希望了解的问题。

作为戴逸先生的学生，我自20世纪80年代初考入中国人民大学清史研究所起就跟随先生攻读硕士、博士学位，毕业后留所工作，亦始终追随先生左右，迄今已30余年。虽不敢望先生项背，但对先生的治学和为人，多少有些了解。因此，当我接受北京出版集团的委托，并得到先生的首肯，为先生编选这本小书时，深感有必要为读者朋友介绍我所知道的戴逸先生，并尽力解答上述问题，期冀能展现先生的高尚人格与杰出成就于万一。

先生原名戴秉衡，1926年出生于江南一个具有深厚人文底蕴的城镇常熟。先生自幼喜欢读书，酷爱文史，家里给的不多的零花钱都用于抄书、购书，高中时已拥有自己的一个小书库，开始在报刊上发表文章，并确立了从事文史研究的志向。然而，日寇侵华，生灵涂炭，高校大多迁往西南内地，学文科者更无出路，1944年高中毕业的先生只得违心考入了当时上海最好的交通大学，学习铁路管理。如果没有之后的改变，或许未来的中国铁路部门会多一个管理专家，而学术界则少了一位清史泰斗。但人生的境遇竟然如此奇妙，抗战胜利后，南迁的高校纷纷回迁，著名学府北京大学也从昆明迁回北京，途经上海时，为网罗英才，专设考场招生，而考场就在当时先生所住的交大宿舍楼下。出于对文史发自内心的挚爱，已修完交大两年学业的先生尝试报考北大史学系，竟然榜上有名！是继续留在交大按部就班地再读两年，毕业后找个安安稳稳的工作，还是远赴北大学习自己心仪已久的史学专业，挑战不可预知的未来？先生面临人生道路上最关键的一次抉择。最终，命运的天平倾向了兴趣爱好一边，他毅然决然地舍弃了交大学籍，投奔北大，从此走上了学习和研究历史的道路。

进入北大后，先生如鱼得水，尽情遨游于知识的海洋，他有机会聆听胡适、陈垣、郑天挺、邓广铭、邵循正、赵万里等大师的授课，有时间就到图书馆饱览群书，还经常与同学、老师讨论问题，相互辩难。然而，内战爆发，偌大的学府，已经放不下一张安静的书桌，忧心国家前途命运的先生义无反顾地参加了学生运动，支持“反饥饿，反内战”，结果遭到国民党政府的通缉，不得不连夜逃离北京，奔赴解放区。“戴逸”之名即由此而来，先生的人生道路也随之开启了崭新的篇章。

来到华北解放区后，先生进入华北大学，系统地学习了马列主义经典著作，奠定了深厚的理论基础。新中国成立后，先生随华北大学进京。1950年，中国人民大学成立，先生先在党史系，两年后转到中国历史教研室。随着工作的变化和教学的需要，先生的历史研究经历了一个逐渐回溯的过程，从中国革命史、抗日战争史，到中国近代史，再到清史，每一步都留下了坚实的足迹。1951年出版的《中国抗战史演义》，采用中国传统的章回体形式，以准确的史实、生动的文字，叙述了中国八年艰苦抗战的历史，为新中国成立初期人们了解抗日战争的真实历史发挥了重要作用。1958年问世的《中国近代史稿》（第一卷），以新颖的论点、严密的论证、流畅的叙述，赢得了学界和读者的一致赞誉。而1975年以内部资料形式出版的

《一六八九年的中俄尼布楚条约》，则以丰富的资料、严谨的考证，厘清了清代康熙年间中俄双方签订条约的史实，为当时中国政府处理中苏边境问题提供了重要参考。

十年动乱期间，中国人民大学被迫撤销，先生也屡受冲击，并被下放江西干校，剥夺了从事教学和研究工作的权利。但他没有灰心失望，在繁重的体力劳动之余，仍然尽可能积累资料，思考问题，甚至复习英语。“文革”结束后，中国迎来了科学发展的春天，中国人民大学复校，先生也回到北京，受命组建清史研究所。在他的主持和领导下，清史研究所在较短的时期内就推出了系列成果，诸如《简明清史》（1980、1984）、《清代人物传稿》（1984—1995）、《清史编年》（1985—2000）等。特别是由先生主编的《简明清史》两卷本，全面梳理了清朝崛起至鸦片战争之前的历史，其中既有深刻的理论思考，又有翔实的史事人物，再加上生动畅达的文字叙述，堪称改革开放初期清史研究领域的拓荒之作，在国内外学术界产生了极大的影响，先生也因此奠定了清史学界领军人物的地位。

20世纪90年代，随着清史研究的不断深入，先生又把关注的目光投向了乾隆帝及其所处的时代，并进而思考清代康雍乾盛世的有关问题。在《乾隆帝及其时代》（1992）一书中，先生对盛世君主乾隆帝幼年时期的家庭氛围、读书生活，继位之后的用人行政、思想政策，无不娓娓道来，既生动刻画了一代帝王的性格、意志、才情、爱好，又细致分析了其集英明睿智与庸碌愚昧于一身的多面性，尤为注重把握时代脉搏，多角度、全方位地解读了乾隆一朝的政治、军事、经济、文化、对外关系，乃至北京城市建设等各方面的状况，深刻揭示出其所处时代的先进与落后并存、光明与黑暗同在的复杂性。而先生主编的《18世纪的中国与世界》（1999），则以九卷本的篇幅集中展现了18世纪百年间清代中国的政治、军事、经济、社会、边疆民族、思想文化、对外关系等各个方面的宏伟画卷，并力图将其置于世界历史发展的坐标系中，考察盛世的辉煌，探讨衰落的根源，揭示18世纪中国的历史地位和真实状态。这两种不同类型的学术著作，前者拓宽了人物研究的视角和范围，后者则大大推进了对历史发展阶段中重要时间节点和空间范围的专门探讨。

在主持并推动清史研究所发展壮大、勤奋不懈地从事清史研究的同时，先生的心中始终萦绕着一个宏大的梦想，这就是编纂大型《清史》！实际上，这一设想最早发端于20世纪50年代初，当时国家副主席董必武向中央建议纂修清史，周恩来总理也曾经找明史专家吴晗谈话，要成立清史研究机构编纂清史。但新中国成立伊始，百废待兴，这一动议未能付诸实施。1965年，清史纂修再次提上日程。当年10月，周总理委托周扬召开中宣部部长常务会议，决定成立清史编委会，并在中国人民大学设立清史研究所。为此，专门组成了以中国人民大学常务副校长郭影秋为主任的国家清史编纂委员会，着手筹备建所事宜。然而，“文革”的狂风暴雨骤然袭来，修史计划再次化为泡影。80年代初，邓小平曾批复一封建议纂修清史的信件，学术界也开始制订编纂规划，筹备编纂事宜。但因时机尚不成熟，修史之事被第三次搁置。在经历了半个多世纪的风风雨雨之后，当年修史动议的参与者和亲历者多已谢世，先生是为数不多的健在者之一。也因为如此，如何完成时代的使命，不辜负学界的重托，就成为先生数十年来时刻思考的重要问题。

历史的巨轮驶进了21世纪，先生敏锐地觉察到：纂修大型《清史》的时机已成熟！当前无论是国家的财力和物力，抑或学界的研究基础，还是人才的积累培养，乃至资料的整理出版，都处在新中国成立以来最好的时期。出于一个历史学家高度的责任感，先生于2001年在报刊上撰文，率先提出“纂修《清史》，此其时也”，倡议“把大型《清史》的编写任务提到日程上来”，又与季羡林、任继愈、王锺翰、蔡美彪等十余位权威学者联名向中央写信，吁请由政府出面组织纂修《清史》。这一次，几代学人的努力终于得到回报，国家大型修史工程于2002年年底正式启动，先生被任命为国家清史编纂委员会主任。他不顾耄耋之躯，日夜操劳，忘我工作，设计编纂方案，制订工作规划，建立学术机构，组织编纂队伍，斟酌体裁体例，以全部心血引领这项国家重大文化工程有序开展，逐步推进，迄今已取得诸多阶段性学术成果。

在长达60余年的学术生涯中，先生始终勤奋努力，笔耕不辍，先后撰写和主编著作30余部，发表文章600余篇，在历史尤其是清史研究领域做出了卓越的贡献，也得到了学术界和全社会的一致认可，1986年被评为全国教育战线劳动模范，1995年获香港柏宁顿中国教育基金会首届孺子牛金球奖，先后担任国务院学科评议组召集人，第四届、第五届中国史学会会长，并当选为第七届全国人大代表，1996年受聘为北京市文史研究馆馆长，2011年受聘为中央文史研究馆馆员，2013年荣膺第二届吴玉章人文社会科学终身成就奖。

此次应北京出版集团之邀，编选文章列入“大家小书”系列，先生对此颇为重视，不仅提出指导意见，提供著作版本，还亲自圈点篇目。在先生看来，一个历史学家既有责任从事精深的历史研究，在学术领域开拓创新，也有义务向全社会普及历史知识，弘扬传统文化。故而先生十分认可“大家小书”学术性和普及性兼顾的宗旨和特色，欣然同意编选这本“大家写给大家看的书”。经与先生商量，本书从先生历年发表的文章中斟选出21篇，并据其内容和性质，大体分为四类。

其一，历史学家与历史研究。先生能走上历史教学与历史研究的道路，成为一代清史大家，其中既有机遇眷顾的偶然性，更多的则是自身努力的必然性。正是依靠自身的勤奋努力，先生得以抓住机遇，选择了最适合自己的学术道路，并以执着的坚持和百倍的付出，一直跋涉至今。收入此类的4篇文章，既反映了先生对自己成长历程和治学道路的回顾，也凝聚着先生多年治史的心得体会，更体现了先生与清史的不解之缘和深厚情结。

其二，史事与人物。先生的历史尤其是清史研究，具有极为鲜明的特点，这就是既具备坚实的文史功底，重视文献资料，长于考证辨析，又具有深厚的理论素养，强调理性思考，善于宏观把握。先生的文章还极富文采，笔端常带感情，文字如行云流水，特别能给人以美的享受。收入此类的6篇文章，或纵横捭阖，综论有清一代的兴、盛、衰、亡，或以小见大，阐述某一历史事件的发生、意义和影响，甚至具体到某一历史人物的学术贡献。虽然由于篇幅所限，先生更多研精覃思的学术论文未能展现于此，但也大体反映出先生融历史、哲理、文采于一炉的鲜明治史特色。

其三，书评与序跋。先生治史，实事求是，追求真理。先生为人，虚怀若谷，温文儒雅，尤为爱惜人才，提携后进。年轻学子的新作问世，学界的研究成果出版，多有求写序跋之事，先生乐见其成，有求必应，虽系命题作文，但都能写出新意，提出创见，给人以思想的启迪。收入本书的5篇书序，于此可见一斑。先生曾专门著文论述对历史学家的四项要求：资料、思想、文采、道德。而先生的治学和为人，正是实践这四项要求的典范。

其四，清史工程与清史编纂。国家修史，百年不遇，先生躬逢其盛，主持其事，既备感荣幸，更觉责任重大。他全力以赴，殚精竭思，举凡学术规划、工作部署，无不周密设计，谨慎考虑，层层把关。十余年间，先生有关清史工程的各种讲话、书信以及学术见解和工作意见，累计不下数百篇文稿。收入本书的6篇，大体反映了修史工程开展初期先生关于《清史》整体面貌的学术思考和工作构想。

自20世纪50年代有机会参与国家修史的筹划以来，纂修大型《清史》就成为先生长久以来埋藏心底的梦想。如今梦想正在成为现实，先生的学术生命和精神寄托已经与清史融为一体。诚如先生所言：“清史是我理念之归宿，精神之依托，生命之安宅。”在先生90华诞之际，我期望通过这本小书，使广大的读者朋友对先生为人、治学有所了解，对先生主持的国家修史工程多予关注，更希冀借此一瓣馨香，祈愿先生早日圆梦《清史》，恭祝先生福寿安康！

丙申盛夏于中国人民大学

目　录

第一编　历史学家与历史研究

第二编　史事与人物

第三编　书评与序跋

第四编　清史工程与清史编纂

第一编　历史学家与历史研究

我走了历史教学与研究的道路

我在历史学的路途上跋涉近60年，不能说一帆风顺，也还称得上比较畅通，没有遇到太多的坎坷和阻难。也许因为磨难不多，故成就不显，碌碌平庸，在学术上鲜有业绩。我一生过着读书人的普通生活，虽攻研有恒，执笔尚勤，著作十余部，文章600余篇，但满意者少，总有一种“学力不厚”“贡献不多”的负疚之感。

人生总会有多次机遇，我青少年时代有幸抓住了三次机遇，走上历史教学、历史研究的道路。

第一次机遇：顽劣学童的转变

第一次机遇是小学毕业以后。小学时，我不吵不闹，不好说话，不愿交往，不爱读正课，从不好好阅读课本，却爱好各种游艺，读各种小说、连环画。因此成绩劣等，功课好几门不及格，小学几乎未能毕业，幸而学校网开一面，给我们班两个最差的学生“奉送”毕业。毕业典礼那天，我知道自己不能毕业，在家中躺在一张藤床上，发闷犯愁，手里拿着一本弹词小说《天雨花》，也看不进去。忽然，另一位与我同班不能毕业的劣等生，飞步进入我家，高兴地大喊：“戴秉衡，快走！快走！到学校去，今天典礼会上宣布要发给我们毕业证书，我们也能毕业了。”我听了自然喜出望外，赶紧去学校，果然拿到了毕业证书。

毕业是毕业了，但下一步考初中又是个难关，报考县立中学，发榜的那天，我父亲去看榜，回家来脸色阴沉，不言不语，我情知不妙，连羞带怕，躲到亲戚家去了。

中学没考上，很可能就此断绝了接受教育的机会，去当商店学徒，我的几位堂兄就是这样走上人生道路的。偏偏这年“七七事变”爆发，全国开始了抗战，我们全家逃难到了上海。我的两个姐姐进了“苏女师”读书，邻居的孩子们也在小学和中学读书，每天晚上都在我家复习功课，演算习题，灯火通明。虽宁谧静寂，但孩子们用心灵和语言交流，亲密友好。他们都有书可读，唯独我静坐在壁角里无事可做，打不进这个读书圈，如此情景，长达半年之久。这时我心底逐渐升腾起渴望上学的强烈愿望。每天早上坐在窗台上目送两个姐姐上学，晚上盼着两个姐姐回家。有时偷偷翻开姐姐的书包，似懂非懂地偷阅她们的书本。人类本能中蕴藏的求知之火燃烧了起来。

机遇来了，第二年夏天我考上了苏州中学（因抗战迁至上海租界，校址在四马路外滩）。因成绩很差，只是个备取生，候补正取名额。我也有了上学的机会，兴冲冲每天远道赴校上学。

现在回想，我并不是一个顽劣透顶、愚笨不堪的孩子。小学时虽不爱读书，却很喜欢读小说、说故事、听京戏、听评书，简直入了迷。在小学中，《水浒传》《三国演义》《西游记》《说岳全传》，还有剑侠书、小人书，无不遍读。至今还能报出《水浒传》一百单八将的绰号与姓名。有一次听评书出了神，晚饭没有吃，竟在书坊里听到晚间10点钟，急得家里到处找我。住在上海时，有一次到新世界听上了京戏（演员是夏月珊和王竞妍，后来才知道是名角），从下午站着看戏一直站到夜间，粒米未进。人看似顽劣愚蠢，却往往有内心的爱好与潜在的才能，蕴藏在心底，得到正常的教育，人的潜能才能得以发挥，才可能脱颖而出。

进了苏州中学，好运气接连光临。我是备取生，不能和正取生坐在一起，只能坐在最后。正取生是按高矮排列的，有两位最年长的正取生长得最高，学习成绩最佳，且品行端正，坐在最后排，和我这个矮小年幼且成绩不佳的备取生坐在一起。日子久了，我们三个人成了最亲密的学侣，一起读书，一起游玩，一起走路回家。他们的学习、谈吐、品行时刻影响着我，像春风细雨一样不知不觉地沐浴着、熏陶着我。我的学业成绩突飞猛进，虽还不能夺取第一、第二，但已名列前茅，特别是语文课，学期末常能夺得冠军。从此我初中和高中的成绩稳步上升，摘掉了劣等生的帽子而成为班上的优等生。

第二次机遇：爱好诗文词赋

我中学期间的语文课本都是文言，从未学过语体文，初中时代的语文老师姓邵，松江人，是一位精通古文、认真教学的好老师，我在课外阅读的大多是《曾文正公日记》《浮生六记》以及林琴南翻译的外国小说，略略有了一点古文的爱好。

进入高中时正赶上日本偷袭珍珠港，美日开战，上海租界被日军占领，我回到故乡的常熟中学（后改名省立第七中学），期中插班，就读高中一年级。这年开设了一门中国文学史课程，我入学时已学到汉赋。这门课程令我赏心悦目，心怀大开，课本是欧阳溥存编写的，由商务印书馆出版。老师是杨毅庵先生。杨家是常熟恬庄的望族，族人杨崇伊是戊戌变法时奏劾康有为的顽固旧派，杨崇伊的儿子杨云史是著名的才子、诗人，其发妻是李鸿章的长孙女李道清（李经方之长女），杨云史曾任吴佩孚的秘书长，抗日军兴，不受日伪胁迫，避居香港终老，著有《江山万里楼诗词钞》（这部书2004年出版。我久闻其名，购置一套，品读其诗，雄浑峻拔，气象万千，确是一代作手）。杨毅庵先生是无锡国学专修馆的高才生，又有家学渊源，深受陶冶，对中国古代诗文极有造诣，他讲授的中国文学史课程非常精彩，指点文章，论说千古，把我这个16岁的孩子听得如痴如醉，十分入迷。杨先生对我的用心学习似乎也很欣赏，要我在《中国人名大辞典》和其他书籍中查找古代文士诗人的小传，汇集成册，用钢板刻印后，发给同学们参考。不久我成了杨先生的义务“助教”，帮他查找资料，抄写作品。他也悉心教授我古文作业。每到寒暑假，我几乎每天上午都到他家中补习课程，他为我和其他学生讲授《左传》《诗经》《荀子》《庄子》和《昭明文选》。他的讲授，清晰细微，一篇文章之新，用笔之妙，炼句之工，用字之切，讲得头头是道。他讲授时全神贯注，口若悬河，还能运用古人吟诗诵文的方法，朗朗上口。尤其是读词赋和读骈体文，平仄对仗，神妙之至，我们最喜欢听杨先生吟诗诵文，抑扬顿挫，声遏行云，真正是美的享受。

在杨毅庵先生将近三年的指导下，我高中时代就接触到经史子集各部类的书籍。空闲时分，我经常逛旧书摊，用很少一点零钱购买旧书。日久也积存了一批线装书，夜深人静，独坐小楼，披卷阅览，随笔圈点，自得其乐。这样我的古文修养有较大提高。

“人生难得一恩师”，杨毅庵先生是我故乡小城的普通文士，清贫一生，终身以教书为业。我从他那里学习所得最为丰厚。至今我每逢教师节总要想起杨先生对我的殷殷教诲，他帮助我奠筑了历史研究的知识基础，是我在学术领域的第一个领路人。我总想写一篇纪念杨毅庵先生的文章，惭愧的是我只知道他的姓名，略知他的家世，关于他的事迹，当年竟不闻不问，一无所知，连他的岁数也不知道。前几年几次向往日同学们打听杨先生的事迹，也无人知晓，纪念他的文章一直未能动笔，令我深以为憾。

第三次机遇：跨入北京大学历史系的门槛

在高中时代，我擅长的课程是语文和历史，但1944年高中毕业后，却考进了上海交通大学铁路管理系。这是因为抗日战争期间上海学校都迁往内地，没有一所像样的文科学校，我又不甘心在二三流的大学就读，而且读文科在当时毫无出路，毕业后就是失业，因此一下狠心，报考了当时在上海最为驰名的交大。

幸而考上了交通大学，就读一年后，抗日战争胜利，沦陷区的人民欢呼雀跃，迎接胜利。我正在交大上二年级，但我一心向往文科，对所学的铁路管理毫无兴趣，所学非所爱，心中感到苦闷，也就是硬着头皮学下去，毕业后能够在铁路部门混个饭碗，度过一生罢了。

1946年夏，暑假，我住在上海交大徐家汇的校舍里，没有返回常熟老家。突然有一天宿舍楼下来了一帮人，张贴告示，挂上布幅，布置教室，原来是北京大学从昆明迁北京，准备在上海招生，考场刚好设在我所住宿舍的楼下。这真是送上门来的好机会，我没有多做考虑，报名投考北京大学历史系一年级。本意不过是试一试，不见得被录取。考试发榜，居然考上了历史系的正取生。这反倒使我为难起来。

我在交通大学读二年级，下学期即将升三年级，两年后就可毕业，我现在要上北京大学的一年级，从头开始要读四年，岂不是太亏了？我的同学、朋友、亲戚多数劝我不要去北大，我确实很犹豫。但是对文史专业的想慕，对北京大学的仰望，又使我情不自禁地想远走北京。特别是有件事坚定了我前往北京的决心。当时上海交通大学是汪精卫伪政府下的学校，留在上海读书的学生竟被称为“伪学生”，只有从重庆沙坪坝迁回的交通大学学生才是正牌学生，能拿到国家公费，上学、住宿、吃饭都不必花钱，而“伪学生”须甄别考试，考试合格才能成为正牌学生。这一歧视性的规定对沦陷区的学生是很大的刺激，蒋介石来上海时，所谓“伪学生”曾成群包围蒋的行辕进行抗议。现在我考上北大历史系一年级正取生，虽然亏了两年，却无须甄别，入学即能得到公费，四年在学期间，学习和生活都有经济保证。有了这层原因，我毅然决然放弃交大学籍，投奔北京大学，跃进心仪已久的北京大学历史系的门槛，选择了终生从事历史教学和历史研究的道路。

我热爱历史专业，对这一选择无怨无悔。我一直认为，这是命运对我的眷顾与关爱。

人生道路十分曲折漫长，有顺境也有逆境，会遭遇各种各样的事件，有各种各样的机遇和选择。有时，一个偶然的机会便改变了人生的路程，如我幼年时因避日军而逃到上海，失学一年，却激发了我的读书渴求；中学时遇到了杨毅庵老师而能多读古典文史书籍，稍窥学习门墙；大学时一个偶然投考北大的机会，使我从此进入了历史研究领域。人生无常！似乎许多偶然性在左右着一切，但仔细琢磨又觉得并不尽然。我小学时习性虽顽劣，但又有爱读课外书的潜能，因此辍学一年，反而激活了自己的求知欲，又遇到优秀同学的帮助，故中学时代学习成绩常列前茅。正因如此，遇到杨先生的指引，初中特别爱好语文课的我，如鱼得水，学业日进。因为自己当年对文史甚为嗜爱，所以北大招考，我能够毅然舍弃交大的两年学业，改考北大，就此走上了历史教学和历史研究的道路。

人一生中会碰到许多次机遇，但机遇要在人的生活中发生作用，还必须有人自身的回应。要能应答机遇，抓住机遇，及时做出正确的选择，否则，机遇将和你擦身而过，不发生任何作用，甚至人也并未意识到某种机遇曾经光顾自己，只是叹惜和埋怨命运不济，没有给自己发展的机会。

老天并不吝惜给每个人以发展的机遇，重要的是时刻准备着，努力充实自己，当机遇光临，你能够迅速认识它、抓住它，选择自己最为适合的道路勇敢地走下去！

2007年6月18日

（《当代名家学术思想文库·戴逸卷》）

历史学家的过去和现在

历史科学是基础性学科和综合性学科。历史学研究人类社会发展中的各种生活现象的总和，这些现象是历史的、能动的、合乎规律的过程。它既是有意识、有激情，并追求着自己目的人的活动，然而，人的历史活动又被已经形成了的环境和条件所制约，只有顺应历史的趋势，他们的活动才能取得接近于预期的结果。在历史的过程中，客观的和主观的、物质的和精神的、必然的和偶然的、规律的和随机的，有机地交织在一起，构成非常错综复杂的历史图景。历史科学所涉及的内容非常广泛，因为客观世界，无限丰富，并不断发展。人类活动的各个领域，都可以追溯各自的起源和由来，各有其专门的历史，如政治史、经济史、军事史、文化史、社会史、科技史；每个时代各个地区、国家、民族又各有具体的历史规律和特殊的内容，因而有各种断代史、地区史、国别史、民族史。历史科学包含各种专门史和通史，涵盖面宽广，内容丰富多样，无所不包。正是在这个意义上，马克思和恩格斯说：“我们仅仅知道一门唯一的科学，即历史科学。”

在中国，历史学又是时间悠久、积累丰厚的传统学科。我国有几千年未曾中断的完整的文字历史记载；有浩瀚的体裁多样的历史典籍；有包括各民族文字的文献碑版、丰富的档案史料、珍贵的文物遗存；有像左丘明、司马迁、刘知几、司马光、郑樵、章学诚、梁启超、王国维那样杰出的历史学家，直至近代开创了马克思主义历史研究的李大钊、郭沫若、范文澜等人。过去几千年的史学成就是我国文化遗产中弥足珍贵的部分，它记录了中华民族生活、战斗和前进的里程，总结了先辈们生产斗争和阶级斗争的经验，反映了祖国伟大光辉的文明成果。

历史科学对一个国家、一个民族的重要性是显而易见的，它给人们以智慧、力量和信心。为了认识社会，认识前途，认识人类自我，必须借助过去，观察它在一个较长时段中存在和发展的形式，进行历史的反思。过去和现在是相互关联的，把过去当作不值一瞥的瘠野荒漠，而过分局限于眼前事件，往往会被一连串眼花缭乱的短暂变化弄得头晕目眩，而无法把握住社会运动的本质和未来。历史科学的作用，可以使我们在一个巨大的远景中，在过去至现在的长期发展中，观察自己和自己的社会。这样才能够透彻地了解现在、预见未来。因此，历史科学研究的对象虽然是过去，它只为过去提供较为客观、较为正确的图像，但它的意义并非只局限于过去。现在和未来，都是过去的继续延伸，历史的因，铸成现实的果。现实的一切，或成就，或挫折，或胜利，或困难，无不萌生于过去，无不和过去结有不解之缘。对过去的事情进行研究和解释，正是为了更好地理解现在和未来。人们所以重视历史科学，也因为他们带着现实中的迷惘和困惑，不得不求助于历史，寻求比较正确的答案。一个民族，如果忘记了过去，就不可能正确地面对现在和未来。

人生活在现实之中，每个人在观察和研究过去的时候，总不免带着现在的思想感情和认识方法，人们经常会用现在生活中的要求和兴趣去研究过去的历史。过去历史中和现在密切相关的史实和史料，总会首先凸现在历史学家的眼前，引起历史学家的优先关注，这一点并不妨碍历史发展过程的客观性。各个时代的历史学家在选择研究课题和进行分析思考的时候，大多会选择那些与当前现实较有关系的问题，并站在当代达到的科学水平上去开展研究。历史学家越是关心现在，理解现在，就越能够深入地反思历史。现在的生活为他提供了一个比较成熟的发展形态，以便去理解历史上尚未成熟的发展形态。如果人们对现在的事件漠不关心、失去兴趣，又怎能深入理解曾经发生过的历史事件呢？现在生活中的感受有助于历史学家去体验各样的历史生活，正像人们常说的那样，对人体的解剖有助于理解类人猿的骨骼体态。

当前，中国历史正在发生前所未有的伟大变革，在党的领导下，我国正在社会主义现代化的道路上迅速奔驰，为建设高度的社会主义物质文明和精神文明而努力奋斗。历史学家有责任，在过去与现在、历史与现实之间架起沟通的桥梁，在建设今天新生活的时候，反思过去，回顾国家和民族已经走过的艰难而光荣的历程，这对人们是大有裨益的。改革和开放，需要人们更加了解我国的国情和传统，更多知道世界的历史和现状，也需要更加抓紧爱国主义、社会主义与坚持四项基本原则的思想教育。历史科学在现实中是大有作为的。它能够提高全民族的文化素质，培育爱国主义、社会主义精神，陶冶人们的性格、情操，增加基本知识，帮助人们认识国情，了解自己的过去，廓清迷雾，以把握现在、面向未来。历史科学之树是常青的，它将为我们开辟新生活做出重大的贡献。

（《历史研究》1989年第5期）

资料　思想　文采　道德

——对历史学家的四项要求

当前，历史科学虽有长足的发展，但也碰到了许多问题和困难。国家由于财政困难，对人文科学研究的投入不足，学校缺少经费。历史学人才的培养颇不景气，教学和研究工作待遇菲薄，学生望而却步，故招生的生源不足，毕业生就业的渠道不畅，经商成风，旁骛他业，使人才不能脱颖而出。社会主义现代化事业非常需要人文科学，需要历史学人才。其实，社会要培养一名合格的历史学家是很不容易的，不仅国家要投入，学校要重视，学生本人更要付出艰辛的努力。所谓“百年树人”，是说要造就人才，必须在很长的时间内形成重视人才、培养人才的良好风气与环境。

前人说过，优秀的历史学家应具备史学、史识、史才、史德。我把前人说的这八个字转换成“资料、思想、文采、道德”。含义不完全相同，而大体上还是接近的。“学”是指知识、资料、信息；“识”是指理论、思想；“才”是指文采、才华；“德”是指道德、人格。这是对历史学家四个方面的要求。每位历史工作者必须从这四个方面下功夫，努力锻炼，不断提高，才能成为合格的以至优秀的历史学家。

一、资料

科学研究必须重视资料，重视知识信息，历史学家要掌握丰富的第一手资料。我们的研究是从事实出发，对事实材料进行归纳、分析、综合，抽引出规律，而不是从概念或定义出发，也不是单凭头脑玄想。没有丰富而确凿的材料，就不能进行科学的概括。资料对于研究者来说，犹如水对于鱼、空气对于鸟一样。离开了水，鱼就不能游动；离开了空气，鸟就不能飞翔；离开了资料，研究就不能进行。丰硕的科学之果是在坚实的资料的树干上结出来的。

客观世界，浩浩茫茫，无限广阔，反映客观事物的资料也是无限繁多的。古人形容资料、书籍之多，或云“浩如烟海”，或云“汗牛充栋”，或云“一部二十四史不知从何说起”。其实，二十四史篇幅并不大，共只3236卷，已号称繁富，学者难窥全史。像记载清朝一代历史的《清实录》有4404卷，《古今图书集成》有1万卷，《四库全书》有79070卷，二十四史与这些大书相比，真是小巫见大巫。至于历史档案馆中贮存的档案册籍更是多得不可胜数。中国的全部文献遗存究竟有多少？至今还弄不清楚。我们一辈子搞历史研究，犹如在浩渺无际的资料海洋中漂航，穷毕生之力，也仅能窥测到资料海洋的某个角落，范围很小。人的生命有限，而知识无穷、资料无穷。因此，每个研究者都有自己的研究方向、研究领域，专攻某个学科的某门专业，按照一定的方向和题目去读书、研究，去收集并积累资料。人类的全部知识，是由许多学者分工合作进行研究的结果。人类知识日益丰富，专业分工日益细密，越来越难以出现那种精通许多专业的全能式的学者了。

“博”和“专”是摆在每个研究者面前的一对矛盾。研究者应更多地浏览书籍，尽可能广博些，用各种知识武装自己。学问越广博，眼界越开阔，才能够高屋建瓴地思考问题，博学才能够深思。“博”能够促进“专”，提高人的研究能力。但个人认知的范围是有限的，不可能穷尽全部知识，只能成为某个领域的专家。所谓“专业化”，就是研究领域的窄化，只有窄化了科研领域，才能集中精力，攻克难关，取得成果。在某个窄小的专业范围内，要求研究者的知识和资料越多越好，对资料的占有最好做到“竭泽而渔”。

资料并不是现成地、完整地集中在一个地方，而往往是分散庋藏、凌乱无序。因此，收集、整理、积累资料是很艰苦的工作，要跑到各地方去探访寻找，风尘仆仆，奔波劳碌，日夜阅读，手不停抄。有时候跑了许多天、许多地方，也找不到自己需要的资料；有时候资料找到了，但人家不肯给你看，或者索要很高的价钱，或者给你吃闭门羹。为了找资料，可能会碰到很多困难，切不可灰心丧气，要不嫌麻烦、不辞劳累、不怕挫折，要有一股韧劲，锲而不舍，持之以恒，才能积累越来越丰富的资料，向着科学的高峰攀登。

阅读和抄录资料，要花费很多时间和精力。只能逐字逐句摘录抄写，并无捷径可走。如果不抄资料，单凭记忆，长年累月，所积既多，即使你的记忆力超常出众，也不可能记牢记准。今后，计算机技术可以简省抄录工作，但目前的条件尚未达到可以全部简省抄写工作的程度，在未来一段时间，抄写工作尚不可省。

古往今来的大学者都在资料方面花费大量的时间和精力，顾炎武谈到他著作《日知录》的过程时说：“愚自少读书，有所得，辄记之……积三十余年，乃成一编。”（《日知录》自序）郭沫若自述其研究先秦诸子，如《管子》《吕氏春秋》，翻来覆去把书读过好几遍，把材料分门别类摘抄在本子上，有些篇章几乎是整篇抄录的。明史专家吴晗，早年在清华大学任教，经常到北京图书馆去阅览。他读《朝鲜李朝实录》时，发现其中有许多有关明朝和清朝的史料，这些都是当时朝鲜人来到中国的所见所闻，为中国史书中所不载。他将这些资料抄录下来，长期坚持，不辞劳累，积累了400万字，编成《朝鲜李朝实录中所见中国史料》，共12册。直到吴晗同志逝世后，方才出版。这是今天研究明清史十分重要的书籍。

二、思想

收集和积累资料十分重要，但这还只是研究工作的开始，而不是终结。研究工作要运用分析推理，从资料中引绎出规律。因此，如何开动脑筋，分析资料，把智慧的光芒投射到看似没有条理的、凌乱的资料上去，进行思考，“由此及彼，由表及里，去粗取精，去伪存真”，使感性认识上升到理性认识，这就是进行科学的概括、科学的抽象，也是研究过程中决定性的环节。科学研究是精神领域中的创造活动，要去探索未知的领域，揭露事物的本质，如果仅仅停留在资料的收集、抄录、排比上，还不能算是完成了科学研究。因此，对于刚刚在研究道路上起步的人，养成思考习惯、锻炼思考能力是十分重要的。

锻炼思考能力，一是要发现问题，勤于提问，善于提问，勇于提问。提出问题可能是提出科学新说的先声，有了问题，蓄疑于胸，以后就会为寻找答案而力求深思，上下求索，取得研究的成果。威廉·哈维是创立血液循环学说的生理学家。在他之前，人们都认为血液的流动是直线进行的。威廉·哈维提出了一个非常简单的问题，即通过心脏、直线行进的大量血液，既没有排出体外，也没有被身体吸收掉，那么它最后流到哪里去了？据说，他带着这个问题进行研究，经过观察、分析、实验，发现人体内的血液是循环流动的。

锻炼思考能力，要善于发现矛盾，抓住矛盾，追溯究竟，从而得出有价值的成果。例如关于太平天国起义的日期，有种种不同的说法。赖文光说："庚戌秋倡义金田。"庚戌是道光三十年，公历1850年。李秀成说："道光三十年十月，金田、花州、陆川、博白、白沙，不约同日起义。"而洪仁玕则说："此时天王在花州胡以晃家驻跸，乃大会各队，齐到花州，迎接圣驾，合到金田，恭祝万寿起义。"所谓"恭祝万寿"，是祝贺洪秀全的生日，他的生日是十二月初十日，道光三十年十二月初十日，已是公历1851年1月11日。赖文光、李秀成、洪仁玕都是太平天国革命的元勋，所言起义日期，一说道光三十年秋，一说十月，一说十二月，此外还有许多说法，相互矛盾，言人人殊，莫衷一是。从这些矛盾中，太平天国史专家罗尔纲先生细加考证，认为应从洪仁玕“恭祝万寿起义”之说。于是1851年1月11日为太平天国起义日期，遂成定论。原来赖文光、李秀成所说亦非错误，而是太平军“团营”的日期。“团营”是起义队伍的集合，“团营”并非就是起义，各地“团营”的时间亦不是齐一的，从“团营”到起义还有一个发展过程。这样，金田起义的日期得以认定，而赖文光、李秀成的不同说法，亦得到了合理的解释，矛盾得到了较圆满的解决。

锻炼思考能力，要学会辩证思考，从事物的发展和相互联系中看问题，不要孤立地、静止地看问题。例如你看到光绪元年某地粮价每石若干，仅此一条资料，不与其他资料联系，不会产生什么思想。但如果这类资料积累多了，从光绪元年到三十四年，每年某地粮价的记录收集齐全，那么你就了解了粮价起落变化的发展过程，可以画出粮食价格变动的曲线，这本身就是晚清经济史方面的重要信息。然后进一步探索为什么这一年的粮价上涨了，那一年的粮价下跌了，是自然方面的原因（气候、雨水、灾荒），还是社会方面的原因（战争、社会动荡、囤积居奇）。这样就可能写出一篇晚清粮价变动的有价值的论文。

经常阅读富有思想内容的著作，是帮助提高思考能力的重要途径。像马克思的《资本论》《路易·波拿巴的雾月十八日》，恩格斯的《反杜林论》等名著，就是能提高思想水平的书。只要你认真去读它们，就会被一种思想力量所吸引，领会到书中所蕴含的高度智慧和深刻的洞察力。我们学习经典著作，最重要的不是其中的个别结论，而是其思想能力。

思想能力的锻炼是循序渐进的，不能一蹴而就，不能急于求成。从事科研的新手往往面对一大堆收集起来的资料，不知怎样进行分析、综合、反复思考，因而进度不大。甚至像明朝的王阳明那样，要"格物致知"，坐在那里"格"竹子，并无所得，却"格"出一场病来。王阳明是大思想家，尚有这样的经历，可见在科研道路上总会碰到困难或挫折的，重要的是鼓起勇气，树立信心，不要灰心丧气。

思考不得要领，研究深入不下去，大体上有三种情况：一是收集的资料还不丰富，事实过程和各方面的联系还不很清楚，客观的矛盾并未充分显露出来。我们的观点是从事实中来的，事实材料不充分，信息量不足，就难以形成自己的观点，这样就要回过头来再去收集资料。二是没有很好开动脑筋。古人云：心之官则思。头脑的功能就是进行思考，反映客观事物，做归纳、演绎、分析、综合，由感性认识进到理性认识，得出自己的看法，这就是独立思考，不能剿袭陈言，不能人云亦云。三是资料也充足了，思考也进行了，但分析与综合的能力差，这是可以通过学习、锻炼提高的。学习辩证思维的方法，学习马克思主义经典著作，学习人类优秀的文化遗产，持之以恒，必有成效。

三、文采

研究的成果要表达出来，写成文章，这样就要讲究表达方式，力求写得通顺流畅、文采斐然。

写文章表达科研的成果，首先要写得明白易懂，要让大家容易理解你的研究成果，力求把深奥的道理浅显而又准确地讲出来。文章如果艰深晦涩，那么，你的研究成果就难以被人理解和接受。有一位研究先秦史和甲骨文的先生，他写了一篇论文，向郭沫若请教，郭沫若说：我读了几遍，这文章的意思，我没有读懂。如果连郭沫若这样的专家都读不懂这篇有关古代史和甲骨文的文章，那恐怕世界上不会有人能够读懂它。文章本来是写给别人看的，谁也看不懂的文章，大可不写。这位先生的研究成果，即使极有价值，也不会有人理解它、接受它。

写文章和平时的说话、聊天不完全一样。尤其是写学术论文，不是率尔操觚，随意为之，而要非常用心，力求合乎文法，合乎逻辑，文从字顺，概念准确，条理清楚，观点鲜明。要勤写多写，孜孜以赴，切不可粗心大意。

写文章是很艰苦的，一篇精彩的文章，读起来优美流畅，如行云流水，但写作时却冥思苦想，惨淡经营，并不是轻轻松松地挥洒立就的。当然，才思敏捷的人也是有的，但要写出好的文章，仅靠先天的聪慧是不行的，必须有后天的勤学苦练。有的人文章写得快，所谓“文不加点”“一气呵成”“倚马千言”，是形容文章写得快。有的人早已构想好了，已有腹稿，成竹在胸，故落笔很快。也有的人下笔甚快，写成草稿之后，还要反复修改，后期加工做得非常细致。

我主张初学写作的人，对自己文章的质量要严格要求，养成良好的写作习惯，反复修改自己的文章，字斟句酌，精心推敲。“推敲”这两个字，包含一个典故。唐代贾岛是著名的“苦吟”诗人，他写诗琢磨修改，极费心力，故多佳作。他曾经写一首诗，描写寺庙前夜晚的景色，其中有两句：“鸟宿池边树，僧推月下门。”写下这两句后，他想：是用“僧推月下门”好，还是用“僧敲月下门”好？反复考虑，于是“推”啊，“敲”啊，琢磨得出了神，别的事都不注意了，走在路上，竟冲撞了官府的仪仗。这个“推敲”的故事，说明写文章时注意力的集中。在我们一般人来说：“推”字也好，“敲”字也好，差别不大，都可以用，不值得多加考虑。而贾岛竟为这一字之差，踟蹰徘徊，走路也出了神。在似乎很细微的差别上，也要下大功夫，这就是大诗人和一般人的不同所在。杜甫有两句诗：“繁枝容易纷纷落，嫩叶商量细细开。”拿来形容写文章是非常贴切的。“繁枝容易纷纷落”，是指噜苏冗繁的空话赘语要大刀阔斧、毫不顾惜地砍掉；“嫩叶商量细细开”，是指对新颖的思想、微小的细节要花大功夫，仔细琢磨，精心考虑。这样才能够写出好文章。

写文章力求精练，提倡写短文章。中国有写短文的传统。远古时代还没有纸张，文字刻在甲骨上，或铸在青铜器上，或写在竹简上，不允许写许多废话、空话，要求开门见山，直书其事，文章简练扼要。老子的一部《道德经》，内容丰富深奥，只有5000字。孔子的《论语》，都是很短的语录，只有几个字或几十个字。从前向皇帝上万言书，议论很多重要事情。那是了不起的长文章、大文章，也不过一万个字。像今天动辄数万言，有时离题千里、不着边际，令人难以卒读。

应该用简短的篇幅来表达丰富的内容，切忌用庞大的篇幅表达贫乏的内容。因此写文章就要字斟句酌，惜墨如金，写的内容充实而文字精练，把那种无用的空话、套话、废话统统删掉。历史学家范文澜有两句名言：“板凳要坐十年冷，文章不写一句空。”上联是说，做学问要甘于清苦，甘于寂寞，甘于长期坐冷板凳；下联是说，写文章要有内容，不要空话连篇。这两句话可以作为我们治学的座右铭。

四、道德

做人有做人的道德，其中即包括了做学问的道德，做学问要遵循学术行为的规范。人品和学问是联系在一起的，是衡量和评价学者的两把尺子，伟大的学者，其道德、文章均为世人所景仰。

治学应有严肃认真的态度，应把学术当作神圣的事业、崇高的责任，全身心地投入，孜孜矻矻、锲而不舍，不热衷名利，不畏惧困难，不追求功利，一心一意探索历史真理。从收集材料、思考问题、讨论交流到撰写文章都要认真对待，一丝不苟，不是马马虎虎、敷衍塞责，不是追逐时髦、趋时媚俗。引用一条史料，拈出一个证据，都要查清来历，注明出处，不是信手转引，人云亦云，否则别人错了，你也跟着错下去，闹出笑话来。下一个判断，必须谨慎，证据确凿，才能立于不败之地。证据不足，宁可存疑。历史学家重视的是客观事实，排除一切单凭主观的臆测和猜想，不可以为取得轰动效应而故作惊人之笔，不可以做毫无根据的翻案文章。引用他人的研究成果，应标明来历，尊重他人的劳动。至于有意地抄袭、剽窃或掠夺他人的成果，更是科研工作者所不容许的，是学术道德的沦丧。

治学应有谦虚宽容的精神，古人说：“满招损，谦受益。”学术上小有成绩，就沾沾自喜、洋洋得意，这会妨碍自己的继续进步。真正有学问的人，总是虚怀若谷，胸襟旷达。胸怀像山谷那样空阔广博，才能容纳得下许多东西，骄傲自满就装不进去新的知识。骄傲是无知和愚昧的表现，因为骄傲自满的人实际上并不了解自己，也并不了解客观世界，他对主观与客观都做了错误的估计。中国古话说：“夜郎自大。”夜郎是我国西南地区的一个小国，但夜郎王只看到周围的邦国都比自己小，误以为自己最大，最了不起。他不知道，在不远的距离之外，就存在一个比夜郎大许多倍的汉朝。因此，夜郎王是无知的、愚昧的。中国还有一句古话：“井蛙窥天。”坐在井底的青蛙所看到的天空只有井圈那样大，实际上天是宽广无垠的。因此，井蛙也是无知的、愚昧的。虚心使人进步，骄傲引向失败。三国时的马谡熟读兵书，颇有名气，自以为将才出众。他太骄傲自满，不服从诸葛亮的指示，听不进去王平的忠告，把军队驻扎在远离水源的山冈上，被司马懿包围，打了败仗，丢失街亭，闹得身败名裂。做学问的人可以从这个故事中吸收教训，培养起谦虚谨慎、从善如流的品德。

学问是无止境的。我们取得的每一项科研成果都只是绝对真理长河中的一滴水珠，对自己的学问和成果，一定要清醒地、实事求是地评价。在今天，知识量急剧膨胀，科学的进步一日千里，已有的许多知识迅速地被超越。对于学术上的不同意见，一定要充分尊重，认真听取，坚持“百家争鸣”的方针，才能使学术健康发展，不断进步。不要因为有人对自己的学术观点提出不同见解而一触即跳，大发雷霆，即使有些意见，听起来不甚有理，论证尚不充分，也应抱宽容的态度，允许它存在和发展。对旧权威的挑战和突破是科学发展的规律，一种新的理论和学说，当它初出现时，可能并不完善，随着时间的推移，会发展得更加成熟，最后闪耀出真理的光辉。骄傲、偏见、狭隘、保守是科学发展的大敌。

治学要有坚持真理的勇气。研究学问是探索未知领域，追求客观真理。而真理并不是一下子都能被大家所认同、所接受，有时真理在少数人手里。明白地宣告未被大众所认同的真理会遭到许多人的误解，被斥责、唾骂，甚至遭到迫害。科学家要敢于坚持真理，甚至为真理而献身。世界科学史上布鲁诺为宣传和捍卫哥白尼的天文学说，被教会处以死刑，这是众所共知的历史事件。

撰写历史，涉及当时的政治事件和政治人物，常常会触犯某些人或某个集团的利益，更会引起强烈的反对，甚至会招来杀身之祸。敢不敢面对事实，秉笔直书，这是对历史学家的严峻考验。文天祥的《正气歌》中有“在齐太史简，在晋董狐笔”两句，这里说了古代两位历史学家刚正不屈、敢于揭露历史真实的故事。春秋时，齐国的大夫崔杼很有权势，杀掉了国君齐庄公，齐国的太史据事直书，在简册上写了“崔杼弑其君”，崔杼看了大怒，把太史杀了，太史的弟弟仍然这样写，崔杼又把他杀了，又一个弟弟还是这样写，崔杼也把他杀了。太史最后一个弟弟仍然这样写，崔杼感到不好对付，没有杀他，把他释放了。当这位太史的弟弟离开崔杼家时，在大门口看见南史氏拿着简册在那里等候，南史氏说：他听说太史一家因如实记录历史真相而全被杀害，他怕这件事没有人记载下来，特意赶来记录这段历史。既然没事了，历史真相已经被记下来，他也就回家去了。这个故事说明中国古代历史学家为如实记录历史而前仆后继、不惧杀身之祸的崇高品德，淫威与残杀是不能够阻止历史学家说真话的。还有晋国的太史董狐，当时晋灵公与大夫赵盾的矛盾很尖锐，赵盾逃出了国都，但走得不远，没有离开晋国的国境。他的弟弟赵穿发动政变，杀死晋灵公，赵盾就回来了，还当大夫。董狐在史册上记下"赵盾弑其君"，赵盾不服气，辩解说："晋灵公不是我杀的。"董狐说："子为正卿，亡不越境，反不讨贼，非子而谁？"意思是说：你负责国政，逃亡没有离开国境，回来后又不对赵穿治罪。你是政变的后台，杀君的策划者。古代的历史学家非常尊重历史事实，非常注意褒贬是非。孔子说："董狐，古之良史也，书法不隐。"尊重事实，秉笔直书，正是我国历史学家的优良传统。历史学家应该抛开利害得失，排除一切干扰，坚持真理，坚持揭示历史的本来面貌。

以上谈了资料、思想、文采、道德，这是对历史学家四个方面的要求，从这些方面进行锻炼，加强修养，就能够成为优秀的历史学家。

（《历史教学》1996年第10期）

我和清史

清史是我的专业，我把毕生的精力贡献给它。可说是寝于斯，食于斯，学于斯，行于斯。清史是我理念之归宿，精神之依托，生命之安宅。

阅读和研究清史犹如站在高山之巅，凝视先人们走过的那段路程，有喧嚣的朝市、血洗的战场，也有崎岖的山径、冷漠的村庄，一幕又一幕不同的历史场景显示在眼前。

阅读和研究清史犹如漂荡在汪洋大海之中，政治、经济、军事、文化、外交、社会生活众多的浪潮奔腾澎湃，一个个像雪花似的喷溅，缤纷多彩，目不暇接。

阅读和研究清史犹如谛听一曲优美的交响曲，有金戈铁马之雄健，有缠绵悱恻之哀怨，有勇往直前之奋进，有神态自若之淡定，各种情感交替迸发，交织映现。

阅读和研究清史，展示近三百年封建王朝的际遇和命运，匆忙地奔驰过兴、盛、衰、亡的轮回，从盛世的辉煌走向末世的凄凉，其间的经验教训使人感慨，发人深省。

我常读清史，爱读清史，也常写和爱写清史文章，尤其进入老年专嗜清史，几乎摒弃其他书籍于不观，谢绝其他文章而不作，集中精力，专务清史，专写清史。因为清史的书籍和资料浩瀚广博，无穷无尽，就是毕生专读清史也只能读极小部分。人的生命太短促，只能就广阔无垠的清史知识海洋中掬取一勺之水，或观其大体态势，或测其某个角落，并不能达到全真和全知。“吾生也有涯，而知也无涯”，这句话，我到老年体会得越来越真切。

清史研究是自己的工作、专业与职责，我刻志自励，以至诚之心力求敬业，用探索精神去追求未知，用怀疑精神去发现问题，用勤奋精神去搜寻资料，用科学精神去分析疑难，用理性精神去阐释历史，在客观历史千变万化的运动发展中寻求其规律，真实地、清晰地揭示历史的真相。司马迁说“究天人之际，穷古今之变，成一家之言”，我材质驽钝，难期高明，虽不能至，而心向往之。

“暮年多见世上客，未识真容已白头”，说的是人到暮年，见多识广，但还没有能了解世人和世事。其实做学问比这还要难，因为每一种学问，广阔无比，其深难测，学问要靠积累才能成熟。清朝灭亡还不到一百年，清史的研究今天还处在起步阶段。我们清史学科以至整个社会科学必须更加努力、更多积累、更善创新、更快前进。中国需要更成熟的社会科学，更成熟的历史学与清史学，因为这是提高民众文化素质之必需，加强爱国主义教育之必需，深入了解国情以建设中国美好将来之必需。我相信：中国的社会科学、历史学和清史学发展将越来越成熟、积累将越来越丰厚、研究将越来越精深，在本世纪内为中华民族的文化复兴做出辉煌贡献。

（《光明日报》2010年11月25日）

第二编　史事与人物

论“清官”

“清官”是我国古代历史上很复杂的一种政治现象，它在漫长的阶级社会中一再重复地出现，并被各个不同的阶级所重视。统治阶级的“圣训”“谕旨”和官修“正史”里，往往表扬一批“循吏”“良吏”，作为官场的楷模，民间的文艺作品中也塑造了一些圣洁无疵的“清官”形象，历千百年而传诵不绝。被对立的阶级所共同称赞的“清官”，既不纯粹出自统治者欺骗性的虚构，也不完全是人民群众虚幻理想的产物，而是多少被美化了的实际政治现象。这种政治现象在一定的历史条件下出现，成为封建社会直接暴力统治的一个补充，在政治斗争中发挥实际的影响。

目前，学术界对“清官”的评价很不一致。有的同志强调“清官”所作所为有利于人民，称“清官”是“人民的救星”，“代表着人民的利益和要求”，在封建社会里是人民的最高理想，等等；也有的同志认为，“清官”的作用“只是为了消除和缓和人民的革命斗争，……这种人在历史上起的作用是反动的，没有什么值得赞扬”。这两种截然相反的评价，究竟有多少根据？本文试图就“清官”的特点、产生条件和历史作用，提出一些粗浅的看法。

“法定权利”和“习惯权利”

什么是“清官”？我们从许多历史和文艺作品的描写中，大体上可以归纳出“清官”的若干特点，如“自奉廉洁”“爱民如子”“赈贫扶弱”“断狱如神”“压抑豪强”“执法公平”，等等。“清官”和一般官吏有所不同，他们比较俭朴，不接受贿赂，不投靠权门；他们赈济灾民，减免赋税，兴修水利，奖励扶植农业生产，给老百姓做了一点好事。而且，不少“清官”还和豪强权贵进行了一定的斗争。例如，西汉的郅都，“行法不避贵戚，列侯宗室，见都侧目而视，号曰苍鹰”[①]。北宋的包拯，“立朝刚严，闻者皆惮之，……贵戚宦

① 《史记》卷一二二《酷吏列传》。

官，为之敛手”[①]。元朝的耶律伯坚有一个信条：“宁得罪于上，不可得罪于下。”[②]明朝的海瑞说：“弱不为扶，强不为抑，安在其为民父母哉！”[③]他们具有刚强不阿的性格，所作所为使豪强地主们不能不有所畏忌。我们要问一下，在整个封建官场的滔滔浊流中，何以出现了少数“清官”的“美德嘉行”？这种“美德嘉行”具有什么性质？“清官”，作为封建统治机构中的一员，何以要把斗争的锋芒指向豪强权贵？这种斗争具有什么意义？

为了理解“清官”的思想、性格和行为，就不能不把这一政治现象和当时的整个阶级斗争以及封建政治统治的形式联系起来作考察。

任何统治阶级为要维持一定的统治秩序，都要制定一套法律规范的体系。一定的法律规范体系是一定生产关系的反映，是保障统治阶级利益和特权的工具，是依靠国家政权力量而强制实现的统治阶级的意志。但是，我们这样说并不是指统治阶级剥削劳动人民的全部贪欲随时随意地都表现为法律的形式。统治阶级的贪欲能够在多大程度上转变成法律条

---

① 朱熹：《五朝名臣言行录》。

②《元史》卷一九二《良吏传》。

③《海瑞集》上册第七四页。

文，这并非取决于统治者（也就是立法者）的主观愿望。在任何时候，统治阶级总是希望从劳动人民身上榨取掠夺尽可能多的贡物，总是希望法律赋予自己尽可能大的剥削特权；而实际上，统治者的贪欲却总是要碰到一定的界限，这个界限是由一定社会生产发展水平和人民群众反抗斗争所造成的。如果剥削程度超过了这个界限，那便会使得一定集团的统治趋于崩溃而出现新旧王朝的更替。一般说来，法律所反映、所维护的就是不过分超越这个界限的统治权利。马克思说："在这里，和在到处一样，社会的统治阶级的利害关系，总是要使现状，当作法律，成为神圣不可侵犯的，并且要把它的由习惯和传统而固定化的各种限制，当作法律的限制固定下来。"①法定的剥削权利所以需要某些限制，恰恰是为了能够经常持久地保障这种权利，这完全符合于统治阶级的长远需要。

在封建社会里，农民群众是封建剥削特权和封建法律体系的坚决的反对者。封建法律是束缚农民群众的锁链，使农民处在完全无保障的地位，长年过着奴隶牛马一样的生活。所有的农民起义和农民战争都以否定现存的法律体系为前提。封建的

① 马克思：《资本论》第三卷第一〇三五页。

法律体系和农民的利益是根本对立的。

封建的法律不但经常遭到来自农民方面的挑战，而且也不时被地主阶级自己内部某些集团和某些个人所突破。这些集团和个人不满足于享受法定权利，他们千方百计地越过法律界限，进行不法活动，追求集团的和个人的特殊权利。只要有可能任意违反法律，统治阶级总是不会放过这种机会的。地主阶级贪婪的本性撕裂了法律尊严的假面具，暴露了封建法律的本质。法律权利不过是被神圣化了的不法活动，而不法活动又是法律权利形影相随的伴侣。

像所有事物都一分为二那样，封建剥削权利也分裂为法定的权利和法外的权利（或习惯权利），两者互相依存而又互相对立，马克思这样写道：

> 在封建制度下也是这样，……当特权者不满足于法定权利而又呼吁自己的习惯权利时，则他们所要求的不是法的人类内容，而是法的动物形式，这种形式现在已丧失其现实性，并已变成纯粹野蛮的假面具。
>
> 贵族的习惯权利按其内容来说是反对普遍法律的形式的。它们不能具有法律的形式，因为它们是已固定的不法行为。这些习惯权利按其内容来说和法律的形式——普

遍性和必然性——相矛盾，这也就说明它们是习惯的不法行为。因此，决不能维护这些习惯权利而对抗法律，相反地，应该把它们当作和法律对立的东西废除，而对利用这些习惯权利的人也应给以某种惩罚。①

封建统治阶级的“法定权利”和“习惯权利”同样都生根在封建社会的土壤上，它们是地主阶级对农民两种不同形式的剥削。“法定权利”体现了地主阶级长远的、整体的利益。这个剥削之神是用普遍法律形式的圣洁光轮装饰起来的，它仿佛凌驾于一切贫富贵贱之上，显示了不可侵犯的凛凛尊严。而“习惯权利”则体现了地主阶级特殊的、眼前的利益，它像一头显露出狰狞本相的恶兽，一心要吞噬掉所能看得见的一切。“习惯权利”在封建法律界限之外，追求无限制的剥削；而“法定权利”为要维持本身的长期生存，就不能不限制“习惯权利”的活动范围。这一对矛盾在整个封建社会里贯彻始终，影响到封建社会的各个方面，使得当时的政治斗争和思想斗争呈现更加错综复杂的色彩。只有在这一矛盾的基础上，我们才能够理解“清官”这一政治现象的本质，才能够说明“清

---

①《马克思恩格斯全集》第一卷第一四三页。

官”们压抑豪强地主以及其他种种行为的实际意义。

“压抑豪强”“执法公平”和“爱民如子”

“清官”，按其本质来说，就是地主阶级中维护法定权利的代表之一。尽管“清官”们对豪强权贵的暴行进行过斗争，对人民群众的苦难流露过同情，以及在思想、性格、才能和作风上具有各不相同的个人特征，但维护封建的法定权利，这是“清官”们所共有的本质特点之一。

“清官”反对豪强地主的斗争，就是封建的法定权利和习惯权利相冲突的一种表现形式。豪强地主追求无限制的剥削，而“清官”的所作所为不过是在一定程度上限制了这种非法剥削。这种斗争不但是封建制度所许可的，而且还是维护封建法定权利所必需的。

有名的“清官”海瑞迫使江南地主退还占夺的土地，这是一则脍炙人口的“压抑豪强”的佳话。当时江南的一些豪强地主，用巧取豪夺的手段，大量兼并土地。封建经济的发展必然引起土地兼并，而大规模的土地兼并迫使人民破产死亡或起而反抗，又严重威胁到地主阶级的整个统治。封建统治陷在这种不可克服的矛盾之中，它必须进行某种自我调节，才能够延续自己的存在。海瑞和其他“清官”一样，都是自觉或者不自觉地充当着封建统治进行自我调节的工具。海瑞的退田斗争，无非是在一定程度上遏制非法的兼并之风，以利于封建统治的稳定。他在《复李石麓阁老》的信中说得很清楚：“存翁（指江南大地主徐阶——引者）近为群小所苦太甚，产业之多，令人骇异，亦自取也。若不退之过半，民风刁险可得而止之耶！为富不仁，有损无益，……区区欲存翁退产过半，为此公百年后得安静计也。”[①]退田的目的是为了防止“民风刁险”，退田斗争也只能以“退之过半”为限度，“清官”的阶级性格决定了他们的步伐只能跨出这么远。当然，这种斗争也会使一部分农民的生活得到改善，但是，这种“改善”充其量只是从做不稳奴隶“改善”到做得稳奴隶而已。我们指出这一点不是要苛求“清官”去做他们无法做到的事情，而仅仅是为了指出所谓“压抑豪强”的斗争并没有超出封建统治所许可的范围之外。有的同志把这种斗争描写成仿佛是站在人民立场上的反封建斗争，这是完全不正确的。

“清官”们反对不法的习惯权利，正是为了保障法定的剥削权利。如果法定权利被豪强权贵所突破，“清官”们固然

①《海瑞集》下册第四三一页。

会起而反对；而如果法定权利遭到起义农民的破坏，他们也会毫不犹豫地凭借军事力量把革命农民纳入于血泊之中。在农民起义的时候，尽管起义军对“清官”常常表现了宽容的礼遇，而“清官”却总是顽抗到底，死而不悔。对于他们来说，反对豪强的斗争和反对起义农民的斗争有着一致性，其目的都是为了封建统治的永世长存。像包拯这样一个家喻户晓的“清官”，当小规模的农民起义发生时，就主张严厉镇压。他说：“无谓郲小，蜂虿有毒。……虽乌合啸聚，莫能长久，而生灵涂炭矣，则国家将何道而猝安之？况今国用窘急，民心危惧，凡盗贼若不即时诛灭，万一无赖之辈相应而起，胡可止焉！……应有盗贼，不以多少远近，并须捕捉净尽，免成后害。或小涉弛慢，并乞重行朝典。”[1]这种态度距离“人民的立场”“人民的利益”“人民的救星”是何等遥远！

“清官”们不能不在两条战线上做斗争。他们既要反对豪强暴行，又要反对农民起义，而反对豪强暴行的目的又是为了消解农民起义。他们始终站在维护封建法定权利的基地上，严肃认真地把法律付诸实现。人们往往称赞他们“执法公平”“铁面无私”。的确，在“清官”手里也曾平反过一些冤

①《包拯集》第五八页。

狱，解除了豪强权贵加在人民头上的一些灾难；但如果夸大了这一点，把“清官”当作公正的仲裁者，出民于水火的救世主，甚至说“凡农民与乡绅财主发生讼案，总是乡绅财主吃亏的时候多”，那是根本错误的。“清官”的职务是贯彻实施封建国家的法律、制度、政策。在这一方面，他们也许可以做到丝毫不苟，但他们所执行的封建法制，是早已被地主阶级的利益和意志所决定的。即使他们抱着对受难人民的同情和对豪强权贵的愤慨，但他们的良心并不能改变或影响封建法制的本质。作为狱讼判决的依据并不是他们的良心，而只能是吃人的封建法律。如果判决的依据是地主阶级的法律，那末，公正判决也就是意味着贯彻地主阶级的意志。马克思说得好：“如果认为在立法者偏私的情况下可以有公正的法官，那简直是愚蠢而不切实际的幻想！既然法律是自私自利的，那末大公无私的判决还能有什么意义呢？法官只能够丝毫不苟地表达法律的自私自利，只能够无条件地执行它。在这种情形下，公正是判决的形式，但不是它的内容。内容早被法律所规定。”[①]当然，在“清官”的判决下，疯狂地追求习惯权利的恶霸豪绅也可能个别地受到制裁。但是，我们应当记得：第一，在漫长的封建

①《马克思恩格斯全集》第一卷第一七八页。

社会里，“清官”本来是很少的，而受到“清官”严厉制裁的豪强权贵更是极少数；第二，统治阶级完全可能牺牲其个别成员的利益来维持法律的公正外貌，因为法律的公正外貌对整个阶级长治久安至为必要。放弃一些次要的、特殊的东西，往往是为了牢牢地保持住主要的、普遍的东西。把这种情形认为是“乡绅财主吃亏的时候多”，这岂不正好受了历史假象的欺骗！

“清官”是封建统治机构的成员，为统治阶级的利益服务。从根本上说，他们和人民群众站在对立的立场上。但是，这一点并不妨碍他们在主观思想形式方面对人民群众表现一定的同情、怜悯和关心。明朝东林党的领袖顾宪成说：“官封疆，念头不在百姓上，……即有他美，君子不齿也。”[①]海瑞则把做官的目的说成是为贫苦人民打抱不平，他说：“举凡天下之人，见天下之有饥寒疾苦者必哀之；见天下之有冤抑沉郁不得其平者，必为忿之。哀之忿之，情不能已，仕之所由来也。”[②]“清官”们在讲这种话的时候，主观上可能完全是真诚的。我们一点也不想否认促使“清

①《明儒学案》卷五八。

②《海瑞集》上册第三七页。

官”行动起来的这种观念冲动力，但是问题在于不应该停止在这种观念冲动力的前面，而应该进一步探究这种观念冲动力怎么可能发生，隐藏在这些冲动力量后面的是什么，以便确定这种观念冲动力的实质。地主阶级剥削和压迫农民，它的存在是以农民的存在为前提的。较有远见的封建政治家和封建思想家完全能理解这一点。有名的“好皇帝”唐太宗说：“水所以比黎庶，水能载舟，亦能覆舟。”地主阶级之所以重视农民，正因为只有农民，才能够载负起或者颠覆掉封建统治的巨舟。历代“圣君”“贤相”“清官”“名儒”都以“民为邦本”“爱民如子”“关心民瘼”作为信条，事实上，这些冠冕堂皇的信条，只是包裹着地主阶级狭隘利益的观念形态的外衣而已。对于“清官”来说，他们对掩盖在自己观点、感情背后的阶级利益可以并无觉察，因为这种观点、感情在长期的历史发展中通过非常曲折的途径早已形成。马克思说：“通过传统和教育承受了这些情感和观点的个人，会以为这些情感和观点就是他的行为的真实动机和出发点。”[①]任何一个“清官”决不会因为信奉“爱民如子”的信条而主张终止本阶级的政治统治和经济剥削，因为“爱

①《马克思恩格斯全集》第八卷第一四九页。

民如子”的信条是和“小人耕而以有余养君子”之类的信条密不可分地联结在一起的。如果说“清官”的所作所为是出于对人民的同情、怜悯和爱护，那末这种同情、怜悯和爱护无非是反映了地主阶级对劳动人民的需要和对残酷剥削的伪装。毛主席说：“爱是观念的东西，是客观实践的产物。我们根本上不是从观念出发，而是从客观实践出发。……世上决没有无缘无故的爱，也没有无缘无故的恨。”[①]如果“爱民如子”之类的思想感情不符合地主阶级的需要，那就成了“无根之木、无源之水”，根本就不会在执行镇压职能的封建国家机构中发生影响，更不会被历代统治者奉为神圣的“信条”。

“清官”和“党争”

维护封建的法定剥削权利，这是“清官”的共性。但是，仅仅指出这一点，还不足以说明他们在不同历史条件下的不同特性。一般说，“清官”处在封建官僚机构的中层和下层，只是封建王朝整套统治机器上的一些机件。因此，必须结合封建

①《毛泽东选集》第三卷第八二七页。

王朝的升沉隆替和各个时期阶级斗争的具体形势来进行考察，才能够理解“清官”在漫长历史发展过程中所表观的各种不同形态和所发挥的不同作用。

当大规模的农民战争过去之后，新的封建王朝刚刚兴起，地主阶级的势力受到了重大打击，它的习惯剥削权利受到较大限制。这时候，接受了农民起义教训的所谓“圣君贤相”不得不减轻对人民的压迫，采取一些有利于恢复和发展生产的措施，其中也包括奖励清廉、惩治贪污的措施。明太祖告诫各地的地方官说：“天下初定，百姓财力俱困，譬犹初飞之鸟，不可拔其羽，新植之木，不可摇其根，要在安养生息之。惟廉者能约己而利人，……尔等当深戒之。”[1]他对贪官的惩处也特别严厉，不惜施用重典，甚至要剥下贪官的皮，陈列在官员的公座旁边，以示警诫。在这个政治上比较安定的时期，会出现一批“清官”。这类“清官”是社会矛盾相对缓和的产物，是“圣君贤相”执行其“安养生息”政策的得力助手。在他们面前没有什么重大的阻力，没有什么需要大干一番的轰轰烈烈的事业。他们的名字也不大被后代人们所注意。“清静宽简”是他们居官的准则。他们的无所作为意味着少去扰乱人民的正

①《明洪武实录》卷二五第一八页。

常生产，这就是他们最好的作为。他们的历史作用就在于他们是“好皇帝”的助手和工具。一个“好皇帝”如果没有忠实的助手和得心应手的工具，自然就无法推行自己的政策，无法完成历史所赋予的使命。

随着封建经济的恢复、发展，地主阶级对农民的剥削逐步加紧。统治者的贪欲无休止地增长扩大，农民群众的生活一天一天地更加不好过。开国初期奖廉惩贪的律令渐成具文，最高统治的宝座上换了一批奢侈昏愦的庸才，官场中则充斥着贪赃枉法的惯家。在这种黑暗的局面下，官僚中的少数人觉察和忧虑腐朽风气将会给整个封建统治带来极其不利的后果。他们力图用自己有限的权力去约束习惯权利的横行，希望扭转统治阶级日益腐败的趋势。这一类“清官”是社会矛盾逐步尖锐化的产物。他们一反前一阶段“清官”清静宽简、平流顺进的特点，显示出倔强不阿的性格和雷厉风行的作风。他们虽然仍是封建专制制度的附属物，离开专制君主所赋予的权力，便没有什么影响社会的有效手段，但是由于君主权威的衰落，整个统治机器的运转失灵，“清官”们便不得不比较独立地担负起支撑统治局面的责任，在历史上或者在人民的心目中占据一个比较显著的地位。他们在局部地区和局部范围内，改革弊政，平反冤狱，减轻赋税，赈济灾荒，约束豪强权贵的不法行为，这一切无非是为了抑制决堤而出的习惯权利的逆流狂澜，以缓和人民的反抗，延续王朝统治的生存寿命。“清官”们所要执行的任务，和他们所拥有的权力是很不相称的。由于权力的不足，他们只得以“刚直”“严厉”，敢于任事和敢于任怨等等个人特点来弥补。人所共知的“清官”包拯、海瑞，都是属于这种类型的。包拯和海瑞活动的时代，一在北宋仁宗年间，一在明朝嘉靖、隆庆和万历初年，正当宋王朝和明王朝由盛转衰的时期。特定的时代需要有特定的人物来执行特定的使命。包拯、海瑞之流的“清官”，实际上是封建制度在矛盾尖锐化过程中的一种自我调节器。

一个大一统封建王朝各种矛盾的积累和尖锐化，是一个长期的历史过程，需要几十年以至一二百年才会达到总爆发的程度。在矛盾逐步尖锐化的很长过程中，引起农民起义的各种因素日积月累，小规模的起义不时地发生，但还没来得及汇合成冲击王朝统治的巨大洪流。因此，“清官”们所面对的不是一个大规模农民战争已经展开的局面，而是一个表面上繁荣升平，实际上习惯权利横行无忌、反抗激流潜滋暗长的局面。“清官”们的注意力集中在遏制豪强权贵的不法行为上面，因而还能够暂时地、局部地减轻农民群众的负担。统治阶级中的“清官”在人民中传颂不绝的根据就在于此。

当然“清官”们的行动是徒劳无功的。统治阶级一天一天腐烂下去，这是无可挽回的必然趋势。海瑞曾经说：“本县初意直欲以圣贤之所已言者，据守行之，自谓效可立至。迄今四载，中夜返思：日日催征，小民卖子鬻产，未有完事之日；时时听讼，小民斗狠趋利，未有息讼之期。感孚之道薄而民不化，烛奸之智浅而弊犹存。徒有其心，未行其事；徒有其事，未见其功。”[①] 这是一个“清官”沉痛而真实的自白。后代人们在戏曲舞台上看到的顶天立地、叱咤风云、诛权贵如屠猪狗的喜剧式的“清官”，在历史上却是一些抑郁不伸、赍志以没的悲剧式人物。

有的同志不分析各个时期的“清官”，笼统地一概否定，甚至以为“清官”比豪强权贵还要坏一些。这些同志的逻辑是这样的：豪强权贵的残暴行为引起人民的反抗，“清官”反对豪强权贵的暴行只是为了消除和缓和人民的革命斗争；如果消除斗争、灭绝斗争，历史就不会取得任何进步。因此，“清官”的所作所为应该完全否定。这些同志几乎把任何暴行都当作了进步的源泉。

剥削阶级的暴行有两种。一种暴行是打通历史前进道路的

---

①《海瑞集》上册第四九—五〇页。

手段，如原始积累时期资产者的暴行。无产阶级当然也谴责这种暴行，但如果因为反对这种暴行而去抗拒历史发展的趋势，那就是反动的。剥削阶级的另一种暴行则是阻碍历史前进的，我国封建社会中豪强权贵的暴行即属于这一类。“清官”的反暴行斗争当然极其软弱，他们所能干预的只是千万桩暴行中的一桩和两桩，不可能改变人民水深火热的处境。但是，如果以为残酷的剥削和压迫根本就不应该反对，那就等于说：贩奴者的鞭笞可以引起奴隶反抗，因此就不应该反对这种鞭笞。

“清官”的所作所为会不会消除斗争和灭绝斗争？的确，“清官”在主观上确实抱有这种反动的目的，指出这一点是必要的。但是在不同的历史时期，“清官”所起的实际作用却并不完全一样。当统治阶级正在腐烂，而人民斗争尚未展开的时候，“清官”的反豪强斗争却往往起了揭露封建制度的作用。这种斗争进行得越猛烈，豪强的不法行为就暴露得越彻底，人民群众对于在“太平盛世”幌子下的王朝统治的真实内容也就看得越清楚。豪强权贵粗暴地践踏“清官”的信条和设施，使“清官”标榜的理想归于澌灭，这也正好向人民群众证明了“清官”想要挽救的东西是无可挽救的。在各种复杂因素的交叉作用下，“清官”的行动产生了和预期恰好相反的结果。他们的失败引起了人民对封建统治者幻想的破灭，这种幻想的破灭是掀起大规模农民起义不可缺少的条件。海瑞死后，地主分子何良俊说：“海刚峰爱民，只是养得刁恶之人。”[1]另一个地主分子沈德符说：“海忠介所颁条约云‘但知国法，不知有阁老尚书’，于是刁民蜂起，江南鼎沸，延及吾浙。”[2]地主阶级异口同声地发出的这种咒骂，是不无道理的。笼统地认为清官的行为后果都会达到他们自己预期的消除斗争和灭绝斗争，这是对复杂历史过程过分简单化的看法。

个别“清官”挽救没落王朝的企图失败了，他们退出了历史舞台。但是，统治阶级的内部斗争还在继续下去，并且愈演愈烈。大规模的党争开始出现了。如东汉的党锢，唐朝的牛李之争，宋朝的元祐党人，明朝的东林党人，清朝的前后清流。这些党争是统治阶级内部各种矛盾的集中爆发。造成党争的因素十分复杂，每次党争都有各不相同的背景和意义，但党争中不当权的一方总是以“清官”的姿态出现（而实际上党争的双方都有许多贪赃枉法者参加在内），并在反暴政、反贪赃的旗号下攻击对方。法定权利和习惯权利的矛盾达到了最尖锐的程度，采取了集团之间公开对抗的形式。大规模党争显示封建王

① 何良俊：《四友斋丛说》卷一三页。
② 沈德符：《万历野获编》。

朝最后阶段的分崩离析，它往往就是农民革命风暴来临的征兆。没落王朝的当权集团总是无比地顽固和无比地愚蠢的，它失去了任何调整改革的能力。在前一阶段，它还能对“清官”表示一定的宽容；而当人民革命阴影日益迫近的时候，它就不择手段地匆忙结束党争。党争的结果免不了一场恐怖的屠杀，统治阶级用相互残杀的行动向人民群众再一次证明了自己的顽固不化和野蛮残酷。腐朽的当权集团埋葬掉内部反对派，也就为外部反对派准备好了埋葬自己的条件。

伟大的农民战争像一阵疾风暴雨，把这个积满了污秽的腥臭世界大加荡涤。革命的农民既反对习惯的剥削权利，又反对法定的剥削权利。统治阶级的各个集团面临毁灭的威胁，不得不抛弃旧怨，携起手来，共同对付革命的农民。在你死我活的阶级搏战中，统治阶级所需要的不是那种可以装饰门面的“清官”，而是能够瓦解起义军的骗子以及残杀起义军的屠夫。这时候以“清官”作标榜的人，包括以前在“党争”中孑遗的党人，往往就来充当这种极其反动的角色。

农民不能够推翻旧制度、创立新制度，农民战争最后仍不免于失败。但它打乱了封建统治秩序，清理了几百年积累起来的各种矛盾、冲突，扫除了旧王朝的恶风邪气，用血和火在一片荆榛中开辟出了历史前进的道路。伟大的农民战争是推进历史发展的动力。

以上我们结合各个时期的形势对各种类型的“清官”做了一个概略的描述。当然，这种描述是极其粗糙的，需要做更进一步的剖析。我们的主要目的是想说明这一政治现象阶级的和历史的性质。“清官”是封建统治阶级中维护法定剥削权利的一种势力。从根本立场上说，他们是和人民对立的，不可能代表人民的利益和要求，忽略这一点是不应当的。这种维护法定权利的势力在不同历史条件下表现为几种各不相同的“清官”类型，有的是“圣君贤相”的得力助手，有的是封建制度自我调节的工具，有的是对付农民起义的骗子和屠夫。他们的特点和作用不完全一样。因此，笼统地肯定和笼统地否定都是不对的。只有用马克思主义观点，结合各个时期阶级斗争的形势进行具体分析，才能够给这一历史现象做出恰如其分的评价。

（《人民日报》1964年5月27日，笔名“星宇”）

清朝的兴、盛、衰、亡

清朝是中国最后一个封建王朝，跟其他王朝相比有其不同之处。清朝创造了一个其他王朝无与比拟的辉煌的功绩。版图辽阔，疆域巩固，多民族的融合，形成了一个有凝聚力的民族大家庭，再加上经济文化的繁荣，可以说是中国历史发展到了最高的水平。但同时它在全球一体化的浪潮中以及殖民主义入侵形势之下，由全盛转向中衰。在应对外来入侵时，屡战屡败，从辉煌的顶峰一下跌入万丈深渊，变成了半殖民地。强烈的历史落差使得我们许多世代的中国人刻骨铭心，他们毕生投入到拯救中国、复兴中国的斗争中，想打造和再造一个强大的新中国。因此清朝的历史内容非常重要、非常丰富、非常复杂而又非常激动人心。

近300年的清朝历史，我用四个字来概括——兴、盛、衰、亡。“兴”是指努尔哈赤起兵，中经皇太极经营、顺治入关，直至康熙平定三藩和收复台湾，共100多年的历史。这段历史奠定了清朝的基业。在我们的提纲里分成两篇，即“创业”和“入关”两部分。“盛”是指康熙收复台湾后，战略重心转移到北方和西北，抗击俄罗斯，平定准噶尔，造成了一个新的更大的统一，同时又恢复发展国内的经济，到乾隆时代达到鼎盛。这部分内容也分成两篇，即第三篇的“统一”和第四篇的“鼎盛”。“衰”指的是从嘉庆、道光、咸丰，一直到同治初年，从盛转衰。在此期间，国内外的斗争非常尖锐：一方面是从嘉庆时期的白莲教起义，一直到咸同时期的太平天国，还有此后的捻军等，像这样时间之长、规模之大的农民起义，在中国历史上前所未有。另一方面是外国的入侵，即两次鸦片战争。它改变了中国正常的历史进程。这也分成两部分，包括第五篇“中衰”和第六篇“危局”。最后是“亡”，指同治三年一直到清亡。清朝经历戊戌变法失败，八国联军入侵，最后众叛亲离，孙中山振臂一呼，推翻了清朝，跨入了一个新的时代。这部分内容分成三篇，即第七篇“洋务”、第八篇“变法”以及第九篇“覆亡”。这样三个世纪的历史，分成“兴、盛、衰、亡”这四段。我想对这四段历史简要地叙其要点，当然挂一漏万以及认识不妥之处，希望大家指正。

第一段是从努尔哈赤、皇太极到康熙初年。一个新民族——满族的兴起，需要有一个较长的历史时段，而且在此期间会将许多领袖人物推向历史的前台，会发动一些战争，会产生若干个重大的历史事件。在中国历史上，游牧民族一个又一个地兴起，像匈奴、鲜卑、突厥、契丹、西夏、女真、蒙古等。当每个民族新兴的时候，它都带有朝气蓬勃的气息，带有一种民族的精神，这就是一个新民族在兴起的过程中，形成的思想观念和价值尺度。这些东西成为一个民族行动的原则，这些原则一旦形成，就能把全民族凝聚起来，团结起来，奔向一个目标。没有这样的民族精神，这个民族是散漫的，因为它没有了奋斗目标，也没有远大前途，也就不能兴起，不能形成一个民族。在17世纪刚刚形成的满族，从胜利走向胜利。在这个过程中，它弥漫着一种奋发、上进的民族精神，这是它取得胜利的一个主要原因。这种民族精神表现在它英勇善战，表现在它有严密的组织纪律，突出地体现在八旗制度上。它内部有较严密的法规，善于学习周围各个民族一些长处，如汉族、朝鲜族、蒙古族等。另外，它有包容的能力。在打败海西女真、野人女真之后，将它们全部纳入满族之中，所以后来有新满洲和旧满洲之别。它具有很强的包容能力的另一个体现是，能将许多汉人也融入进来，像招降吴三桂、孔有德、尚可喜、耿仲明、洪承畴等汉人。在中国历史上，没有其他游牧民族能像满族这样去做。魏晋南北朝时期的前秦苻坚，他重用一个汉人王猛，但王猛不带兵，也无实权，仅是一位谋士。女真占领中原后，利用张邦昌、刘豫这两个傀儡，没有实用。但满族利用汉人、汉将，其包容力很大。降清而为清朝做事的人也很多。满人与汉人的关系逐渐由紧张走向缓和。它采取了一些诸如开科举、设博学鸿词科等举措。后来一些抗清的斗士都纷纷投降清朝，像毛奇龄原来是抗清的，后来应试博学鸿词科。朱彝尊亦然。黄宗羲虽未应清朝之招，但派他的儿子和学生参加《明史》的纂修。清朝重用汉人，几与汉人融为一体，这是它在促进民族融合方面的一个很了不起的成就。正因为这样，它才能一举跨过长江，一统中国。而此前的游牧民族入侵中原，往往勒马于长江之边，与汉人划江而治，如历史上的南北朝，宋与金的对立。清朝为何能一举跨过长江？长江以南的气候、地理、风俗习惯、语言、饮食，来自东北的满族人很不适应，给他们的作战带来了很大的不利。因此他们在江南进行战争，很多时候是利用汉将，这样他们才能一举平定南中国，没有形成南北朝对立。这一点对以后的历史影响甚巨，此前没有出现这种局面。清王朝既在入关前即已占领东北，并与内蒙古关系甚为密切，然后又在入关以后，占领中原地区，接着挥师渡江，占领全国首富的东南地区以及西南地区，囊括了庞大的财富，这就奠定了它统一全中国的基础，拥有了庞大的人力和充足的财力。没有这样的基础，它不可能统一全中国。这是它“兴”的内容。

第二是它的“盛”，从康熙中叶到乾隆，大概100年的时间。康熙中叶以后，清朝已将注意力转向东北、西北以及北部等地区。它站在一个更高的平台上。清朝不似汉唐。汉唐的人口只有5000万~8000万，其根据地是中原地区。中原地区的力量有限，人口不多，它要统一中国是不可能的。它只能将匈奴、突厥向外驱逐，并没有力量完成和巩固统一大业。清朝也不似契丹、女真。在历史上，虽然契丹和女真曾据有中原地区，但并没有占领过南方，其力量有限，也不可能完成对长城内外的统一。清朝据有蒙古这块向西北进军的基地。为何清朝要建承德避暑山庄，为什么乾隆在位60年，来避暑山庄达57次之多，且每次住的时间很长。他在这里处理对蒙古、新疆、西藏、青海等地区以及对外国的事务。清朝既有控制西北地区的前沿和平台，又有长江以南、西南甚至珠江等各个地区雄厚的人力、物力的资源支持，所以它有能力在18世纪统一中国。这个过程充满着艰辛和困难。这是我们18世纪主要的历史，为今天中国这样的局面做出了铺垫。为什么能出现这段盛世的历史？没有前一段的兴起，就不会有后面如此强大的实力。当然，它在政治上，一方面利用汉族的儒学，如开科举、设博学鸿词科、招徕文士等，希望泯灭满汉界线，淡化满汉矛盾。另一方面，它利用喇嘛教，联络和团结少数民族。蒙古、藏族等皆崇奉喇嘛教，推崇喇嘛教，便可以起到笼络许多少数民族的功效。加上康雍乾三朝100多年的长期努力、艰苦作战，使用了军事的、政治的、文化的种种手段，经历了无数次战争和磨合，最终完成了统一。当然统一是充满困难的，是伴随着征服和反抗的血腥斗争的，征服战争是暴力，必定会有残酷的屠杀、掠夺，是付出了沉重代价的。康雍乾缔造了我们今天这样一个多民族统一的大家庭，结束了中国历史上农耕民族和游牧民族的长期战争。仔细想想，我们所学的历史包括什么呢？除了一个农民战争，就是一个民族战争。汉朝与匈奴，魏晋南朝与鲜卑、五胡十六国，唐朝与突厥、回鹘、吐谷浑，宋朝与契丹、西夏以及蒙古。中国历史几乎是一部农耕民族和游牧民族你进我退、拉锯战争的历史。清朝为什么能结束这样的局面，这是我们研究清朝历史的一个很重要的课题：它到底采取了什么样的措施消除了两大民族之间的对立？当然矛盾还是有的，但总的来说，乾隆之后没有发生大规模的农耕文明和游牧文明之间的战争。所以到了近代，帝国主义侵华时，本来中华民族很容易分崩离析，但没有发生这一幕。日本侵华战争期间，各民族并肩作战，反抗侵略。在近代历次反抗外来侵略的战争中，中华民族都没有分崩离析。康雍乾时期实现的统一的多民族国家的事业十分伟大。至今我们是世界上一个统一的大国，也是继承了这个盛世的丰功伟绩，所以我们要倍加珍爱这个成果。

盛世在经济文化上也是有所体现的。我举三点来说明：一是人口。乾隆时期的人口达到3亿，道光时期达到4亿，这样的人口规模超过了历史上的任何朝代。汉朝才5000多万，唐朝8000多万，明朝据记载有七八千万，但目前有人研究约有一亿几千万，也远远没有赶上清朝。清朝的生产水平应该是封建时代中最高的，可以养活几亿人。从全世界来讲，18世纪末全球人口9亿，中国为3亿，占三分之一。印度居第二，人口1亿多。欧洲很少，西欧12个国家总共才1亿多，也只有中国的三分之一。二是GDP（国民生产总值）。GDP是衡量一国经济力量强弱的主要标志。在1820年，中国的GDP总值为2286亿国际元。全世界是7000亿国际元，中国的GDP占当时世界的三分之一，而中国的人口也占当时世界的三分之一，这是相当的。三是GDP的增长速度。康雍乾时期的中国GDP增长速度是世界第一。1700—1820年的120年时间里，中国的GDP比西欧12国的GDP多增加了40％。这些统计的数据，我是从英国权威的经济统计专家麦迪森所著的《世界千年经济史》一书中获致，该书2003年出版。当然，麦迪森自己也说他书中的许多数据不是很精确，许多是估算的。有的是从比较中得来的，但我看这些统计都有一定的依据。我们自己没有做过类似的计算。我在犹豫这些数据能不能使用。这也是我向大家请教的一个问题。当时的统计很难做到精确，我们连当时全国多少土地、多少粮食产量都不太清楚。但我相信麦迪森的数据从总的来看，比较接近于历史实际。

毫无疑问，至18世纪末，中国是世界上最大的经济体。美国当时很小，几百万人口，18世纪才立国。俄国版图很大，但西伯利亚很荒芜，人烟稀少，是不毛之地。中国是当时最大的经济体，这一点毋庸置疑。但是，我们不能仅仅看到经济规模大这一点。它的经济和社会结构同英国是大不相同的。英国当然是个小国，从GDP来看，远远不如中国。但它已经建立起资本主义制度，已经历了工业革命的洗礼，已经拥有宪法和立宪政治，已经有了选举和法制，已经发展起科学技术，已经产生了像牛顿这样伟大的科学家。它经济发展的潜力非常大，持续发展的可能性非常大，所以英国是一个如日东升的国家、兴盛的国家，散发着灿烂的光辉，而中国是一个封闭的国家。虽然中国版图大，人口多，GDP总量大，但其开放的程度、对世界的认知水平、科技文化的水平、政治路线以及经济政策，存在着一系列重大的问题，僵化、落后，在前进的道路上有着不可逾越的障碍。18世纪末的中国没有跨过近代化的门槛，已经是落日余晖，逐渐黯淡下去。

下面讲中衰。经过白莲教起义、太平天国运动，又经过两次鸦片战争，清政府接受了城下之盟，签订了不平等条约，咸丰逃到了热河，北京陷落，圆明园被烧毁，清朝面临着前所未有的巨大挑战。它虽是一个经济大国，却又是时代的落伍者，不能够持续发展，不能够持续前进。它的前途将会碰到困难、屈辱、悲惨。清朝的中衰包括嘉庆朝、道光朝、咸丰朝以及同治朝初年在内的长达70多年的历史。在此期间，农民起义，烽火连天，从白莲教起义到太平天国起义。太平天国以后还有很多教案，一直到义和团运动。19世纪这个世纪，是农民暴动的世纪，农民暴动遍及全国。世纪之初是白莲教起义，世纪之中是太平天国，世纪之末是义和团运动。从这里可以看到农民左右历史的巨大能量，农民人数最多，处在社会的最底层，分散落后，没有文化，但是它蕴藏了无穷无尽的力量。前一个世纪，即康雍乾盛世的辉煌，是建立在农民劳动的基础之上。后一个世纪，即19世纪，农民像火山一样爆发了。当他们能勉强生活下去的时候，是沉默的，历史前台没有农民的声音。但一旦它爆发起来，就像火山喷发，大地震撼，破坏力极强，毁灭一切，有无比的威力。但由于农民本身分散落后的一些弱点，所以不可能引导中国走向一个光明的前途。另外，在中衰时期，地主发生了很大的变化。地主阶级里边分化出一批利用程朱理学武装起来的地主，如曾国藩、胡林翼、左宗棠等，组成湘淮军，从正心、诚意、修身、齐家到治国平天下。他们利用儒家的这套理论来整治这个国家，随后出现了李鸿章、张之洞这样的一批地主阶级，一定程度上适应了世界的潮流，用西方的文化进行调适，以此维护封建统治。通过搞洋务运动，分化出的湘淮军和洋务派，成为晚清政局的主要力量，成为晚清统治者的依靠。另外，外国侵略者很多，有英国、法国、俄国、德国、美国、意大利、日本等，这些帝国主义国家纷纷侵入中国。帝国主义的本质是一样的，但它们的策略手段是不一样的。各个时期，各个帝国主义都有不同的策略。它们实行合作政策，这个合作政策指的是什么呢？其中一方面是指帝国主义国家与清朝合作，它不推翻清朝，不取而代之。当然，它也代替不了清朝对中国的统治。它是利用清朝来统治中国，所以支持清朝。当第二次鸦片战争结束后，它立即转向帮助清朝镇压太平天国，使得清朝脱离了危险的局面，能够继续地统治下去。这是合作的一方面，即中外的合作。另一方面是指帝国主义之间的合作。许多帝国主义联合起来，侵略中国。在中国取得力量的平衡，取得力量的均势，以此来保护自身的利益。当然这种力量的平衡、力量的均势，只能是暂时的，不可能长久下去。帝国主义本身的力量对比有变化，哪个国家力量增长快一点，哪个国家力量增长慢一点，力量的平衡逐渐就被破坏了。第一次力量均势的破坏是中日甲午战争。这一战，日本战胜，在中国的力量开始膨胀。此后八国联军进行了整合，八个国家一起来对付中国。但不久，力量均衡又被破坏了，爆发了日俄战争。战胜的日本在中国的势力进一步拓展。所以这是一个很复杂多变的年代，社会力量都在迅速地组合分化，形成了历史上种种复杂的现象。

外国的侵略，将中国推向了半殖民地，但也带来了西方文明，使得中国产生了几千年以来最根本的变化，催生了中国社会上新的近代化的因素。所以中国的近代化不是原生意义上的近代化，不是我们自己本身发展到近代化，而是外国的侵略带来了外国的文化。外国文明的输入，中国的近代化，不是一步到位的，经历了漫长而曲折的过程，是一个阶梯一个阶梯地前进。近代化的第一阶梯，是器物层面的近代化。开始认识西方就是从船坚炮利开始，造军舰，造枪炮。此后学习西方的机器生产，开工厂，开矿山。而做到这些，需要人才。要翻译外国书籍，要有科技人员，要引进教育和科技，要有资本。器物层面的前进，也是花了很长的时间。从轮船招商局、上海织布局，到电报局、铁路，都是逐步地前进。但是洋务运动搞了30年，磨磨蹭蹭，阻力非常大，举步维艰，进展缓慢，发生了几次大的争论。第一个是同文馆之争。同文馆要不要开？要不要学习西方的文化？大家都知道，我就不详细讲了。第二个是招商局之争。招商局要不要开？出现贪污该怎么办？关于贪污这件事，顽固派多次借此阻挠，招商局险些被关闭，李鸿章坚持不答应。第三个是塞防、海防之争。当然这不属于顽固派和洋务派的争论。这是洋务派内部之争，是湘淮军为了争夺资金分配的斗争。第四个是撤回留美学生之争。1872年由清朝派出一批幼童赴美留学，原定学习期限为15年，后来学了9年便被迫撤回。当时李鸿章、容闳等力主不要将留学生撤回中国。美国作家马克·吐温也写信给中国政府，建议不要撤回留美学生，中国政府坚决不听。在这些争论中，洋务派大多居于下风。顽固派都是气势汹汹，声势浩大，因为中国的传统根深蒂固。同文馆在招生时，科举出身之人，无一报名。顽固派用纲常伦理和华夷之辨来指责和驳斥洋务派，洋务派无言以对。洋务派为什么无言以对？因为它本身的思想立场和顽固派如出一辙，都是从传统的儒家教育中走出来的，他们认为自己的所作所为也是对付外国的权宜之计，他们也认识不到中国最根本的国策、根本的传统价值观都要改变。这一点李鸿章他们也认识不到。当然我们今天也不能苛求他们能达到这个程度。一个历史上的人物只能达到他自己的历史高度，不能够要求他什么事情都能做。所以，洋务派拿不出什么正当的理由来驳斥顽固派，整个社会基本上也是跟着顽固派走。更多的人理解洋务运动，需要时间。

由于传统势力的深厚，洋务运动30年成效很低。但是有个关键问题，即中国有一个近邻日本。日本明治维新几乎与洋务运动同时开始。但是它的国情与中国不同，日本有学习外来文化的传统，它对外来文化不像中国那样排拒。它有一种功利主义的思想，并不固守义利之辨。所以它一开始学习西方，一下子就全盘西化。大规模地学习西方成为它的根本国策。脱亚入欧是当时日本国人的共识。这一点和中国情况就不一样了。国情不同，思想观点不同，治理国策不同，步骤不同，措施不同，效果就不一样。因此日本不断地造轮船，不断地造军火，而且很快地开议会，搞选举，成立内阁，搞普及教育，等等。就在日本变化很大的时候，中国还在争论。铁路之争，达十年之久，一条铁路都没能修起来。后来，刘铭传在台湾修了一条较长一点的铁路，这已是中法战争之后而临近中日甲午战争之际的事情了。可见，中国的洋务运动步履维艰。相对于日本来说，中国是速度慢而成效低，这一点是非常重要的。因为中国和日本同在亚洲，一山不容二虎。两个亚洲国家要同时实现现代化，在当时绝无可能。在当时弱肉强食、充满竞争的世界里，两个国家想一道崛起，达到双赢，几乎是不可能的。日本要起来，必然要踩在中国的肩上，剥削中国，掠夺中国。同样中国要起来，日本也起不来了。当时的历史条件跟今天21世纪的历史条件不一样。只能一个上升，一个趴下。由于中国洋务运动贻误了时机，酿成了后来的苦果。甲午一战决定了中日两国的命运：一个上去，一个下来。当然经过日俄战争后，日本发展更大了。甲午战败是个坏事，对中国当时刺激极大。中国损失极大，除了巨额赔款外，还被割去了台湾。

坏事中往往也蕴藏着好的契机。中国本来受到3000年封建体制的束缚，麻木不仁，现在居然被一个小小的日本打败了，而且受到这么大的损失，对中国人来说是个很大的刺激。鸦片战争以来40多年间，中国并没有真正觉醒。这个时候却真正地觉醒了。

近代爱国热情的高涨，甲午之战应该是一个重要的标志。改革要求的高涨、革命运动的高涨全在此时开始。所以这个时候，中国人民才认识到，中国不仅要在器物层面上改革，而且需要在制度层面上改革。改革越深入，反对的势力就越猖狂。结果后来的戊戌变法也失败了，康梁逃亡，六君子被杀。当然，也有人说改革是否应该缓慢一点才好，是否应该等耐心地说服慈禧太后以后再行改革。我认为改革快慢从某种意义上说，也是由环境决定的。改革快慢的方案不是由康梁所能设计和驾驭了的，而是由当时的客观环境产生的。不是谁想好了，谁设计好了的。中日战争失败以后，社会上群情激愤。群众觉醒，要求大变、速变、快变。这是康有为的话，它代表当时社会的一种趋势，它反映了一种客观的状态。在这种形势下，必然要求迅速变法和全部改革。

戊戌政变以后，维新运动被扼杀，社会发生反弹，发生了义和团运动。本来义和团运动是民众日益高涨的爱国主义情怀的表现，它是反对帝国主义侵略的，但它具有反理性的一面，反对向西方学习，拆铁路，拆电线杆，滥杀无辜，杀所有的教士和教徒。而且和顽固派结合起来，与八个国家作战。八国联军进京，义和团运动失败，慈禧太后逃亡。义和团运动，再次证明了农民的重要性。在中国，农民是头等重要的力量。没有农民，中国什么事都做不成。但历史也证明，只有农民，没有其他阶级、其他力量的参与，农民什么事情也做不好，什么事情都要弄糟。历史进入20世纪，西太后被八国联军赶到西安。清政府腐败透顶，倒行逆施，而洋人在重重地打击它之后，又将它扶植起来了，恢复它的统治。清政府的力量何在？威信何在？体面何在？这样的政府还能维持下去吗？当时清朝的统治失去了合理性、合法性。中国近代化进入到一个新的阶段，中国必然要进行政体改革，要改造政权。民众要求一个有效率的、有权威性的政府。中国近代化又进入到一个政治体制的层面，政治体制的改革需要一个客观的社会基础，即社会结构的变化。没有社会结构的变化，政治体制的改革是空谈。社会上要出现一种推动政治改革的力量。

慈禧太后从西安回来后实行新政，中国又发生了许多变化。实际上，她是实行了戊戌变法时提出的一些改革要求和一些纲领。这在中国历史上产生了强烈的反响，产生了绝大的影响。我简要地讲讲它所产生的几点影响。第一，科举制度废除了，成千上万的知识分子失去了目标、方向，没有了上进之路和生活来源，他们该怎么办？这部分人中很多跑到日本去留学。1905—1906年都有上万人留学日本。成千上万名学生蜂拥到外国，这意味着什么呢？日本当时成了中国革命的摇篮。革命党人已经在那里成立了同盟会。去日本留学的人，都是有文化的，有热情的，血气方刚的青年。他们很多人参加了革命党，这便培养了革命党。这是中国社会客观力量的变化。第二，清朝政府为了巩固它的军事力量，改组军队，练新式军队，要招募有文化的年轻的士兵。这样就把一些知识分子都招进来，把一些革命分子都招进新军来了。中国军人都革命化了。这成为培养中国革命者的又一个摇篮。第三，会党。由于农民、手工业者穷困破产，游民大量地增加。为了互助谋生，他们便组织成秘密会党。本来就有天地会、哥老会。于是会党力量大大增加，成为革命党的第三个摇篮。第四，地方绅商。他们都是地方有钱的、有头有脸的人物。他们组成商会。其中很多人不赞成革命，反对革命。他们要走君主立宪制的道路。但是他们对清政府也不满，不满它的保守、落后、僵化，要对它进行改革。绅商不是直接的革命党人。他们既是革命党人的竞争者，但在反对清政府方面又是革命党的同路人。清末新政加速了社会的变动，加速了社会结构和力量的变化，也加速了革命的到来。清政府无意之中培养了它自己的掘墓人。孙中山正是顺应了这样的历史趋势，站在历史的前头，才成为共和国的缔造者，做出了推翻专制主义制度的伟大功勋。当初革命党和立宪派竞争，但革命胜利了而立宪没有成功，原因何在？因为中国激烈的社会变动将强烈要求改变中国现状的革命力量推上了前台，而把要求缓进的力量边缘化。要求缓进者不能够主导历史的潮流，革命的胜利是必然的。这是由中国当时的国情决定的。革命的成功，并不仅仅是革命党人预先谋划的，而主要是客观的形势造就的。水到渠成，革命成功。

我简单地复述了一遍从清朝开国到清朝灭亡的这段历史，很简略，不免挂一漏万。在其他场合，我也多次地讲述这个想法。我想把这条线贯穿到我们的通纪里边，行不行，请教大家。我主要是想谈谈清朝的“兴、盛、衰、亡”。它兴到什么程度？它的兴对当时中国有何意义？没有少数民族——满族，没有与蒙古族的联合，没有清朝的入关，没有大量的人力资源和物力资源，中国是统一不了的。靠汉族统一是不行的。汉族没有这种民族意志。尼布楚条约谈判时，康熙皇帝派汉官去参加谈判，汉官都告病不去。第一次出发还有两个汉官，第二次没有汉官去。这些汉官认为：父母在，不远游。这是儒家的基本教义。因而汉人不可能完成这一伟大的任务。唯有少数民族能实现，而少数民族只有满族能够完成这个任务。

第一阶段是它的兴。它兴在什么地方？它兴的意义何在？为什么能兴？第二阶段是它的盛。它为什么能够盛？盛到什么状况？其鼎盛时期的经济能养活四亿人口，这是前所未有的，为什么能做到这点？第三阶段是衰，它为什么会衰？是怎么衰落下去的？总体上是由于国内外的矛盾交织而起的作用。衰的时候，它挣扎，它自救，力图拯救危机，但屡次丧失时机，终未成功。丧失时机，是最大的失败！时机，一去不复返！等到日本起来了，你再想起来，已经不可能了。

2007年9月21日

（《涓水集》）

论康雍乾盛世

今天我讲的题目是“论康雍乾盛世”。康雍乾时期，一共有134年。从康熙1662年继位，到乾隆1795年退位，一共是134年，将近一个半世纪的历史。时间很长，历史内容非常丰富，人物事迹众多，关系错综复杂。今天我只能非常概括、非常简略地谈一些要点。

一、康雍乾时期的成绩

康雍乾时期，中国经济、政治、文化有很大的发展，国家的综合国力强大，社会秩序安定，人民生活水平有较大的提高，国家的统一大大地巩固、大大地加强，所以形成了康雍乾盛世。我个人的估计，康雍乾时期不仅在中国历史上发展到了最高峰，而且在全世界也是名列前茅的，这和传统的估计不同。康雍乾时期134年里，是中国历史上最繁荣的时期，没有哪一个朝代能够比得上。我们常说中国最繁荣的是汉朝、唐朝，但是我认为康雍乾时期发展的高度要远远超过汉唐。

中国封建社会是个农业社会，农业生产是衡量国家实力、国家发展的主要标志。康雍乾时期，到乾隆时候，18世纪末，中国的人口达到3亿，这是有正式的人口统计的。中国从乾隆初年，就开始有比较正规、比较准确的人口统计，到乾隆末是3亿人，到道光时是4亿人。我们以往说的4万万同胞，就是道光时的数目，鸦片战争时我们中国有4亿人。耕地面积，在乾隆时有10.5亿亩，粮食生产有2040亿斤，当然这都是估计的数字，很难有准确的数字。这种生产规模、生产总量是史无前例的，历史上从来没有达到这样高的经济水平，能够生产养活3亿人口的粮食。中国历史上的人口数字，从汉代以来就有记录，中国历史上有记录的人口数字最高是7000多万人，记录在案的，宋朝、明朝达到了7000多万，也有人估计实际数目可能还多点，有人估计达到1亿以上了。即使是1亿以上，比起乾隆时期的3亿还是差得很远了。我们知道有多少人就要吃多少粮食，3亿人必须有能够维持这样多人口的粮食生产，它远远超过历史上的人口数字，因此农业生产必然也远远超过历史上的任何朝代。如果说是1亿人的话，也要超过3倍，农业生产必须要超过3倍，才能养活3亿人。因此我说它是中国历史上粮食生产数量最高的时期，应该说它的经济发展是最高的。从横向来比较，跟全世界来比较，当时全世界的人口是9亿人，中国占了3亿，9亿人分布在几十个国家、地区，当时像欧洲最先进的英国，18世纪只有1600万人，跟中国比是小巫见大巫，不能比；法国才2800万人，相当于中国的十分之一；美国就更少，400万人。当时全世界只有两个国家人口超过1亿，一个是我们中国，3亿，另一个是印度，1.4亿。所以中国的粮食生产当时是全世界各个国家最高的，中国农业生产的技术水平也很高。当时有个英国农学家叫巴罗，18世纪末跟随英国的马嘎尔尼使团到中国来。他考察了当时的中国农业，认为当时中国农业技术水平是很高的。他说在中国播种1粒麦种可以收获15粒，而英国当时在欧洲是农业水平最高的国家，播种1粒麦种只能收获10粒。因此中国的农业技术水平是很高的。法国学者谢和奈在《中国的现代化》这本书里说，18世纪中国的农业达到了发展的高峰，由于农业技术、农作物品种的多样化和单位面积产量之高，中国农业在近代农业科学出现以前，是历史上最科学、最发达的农业，所以中国农业在全世界产量最高、最多。因为它要养活3亿人，养活全世界三分之一的人口，必然是产的粮食最多。康雍乾盛世在手工业方面的发展也是非常高的，像棉布、布匹。苏南的布匹是行销全国的，衣被天下，而且还对外出口。当时南京的布是对外出口的。另外丝绸、丝织业发展也非常高，苏州、杭州、南京、广东、四川已经产生了手工工场，有资本主义性质的手工工场。康雍乾时期的材料就很多了，最典型的是道光时期的材料，说是南京的丝织机户，私营的丝织资本家，有的拥有五六百张丝织机，可能雇佣的工人就有一两千人。在采矿业方面，全国的煤矿很多。北京西郊，就是现在的门头沟、房山这一带小煤窑非常多，乾隆的档案里面就提到了西山一带的小煤窑有273处之多。当时北京城里都烧煤。云南的铜矿规模很大，因为国家制币，就是用的铜钱，需求量非常大，由国家借给资本来开采。全省的手工产铜的工人和他们的附属者，还有小商小贩，一共有几十万人，在全世界都没有这样大的矿产规模。手工业方面，中国可以说也是首屈一指的。所以保罗·肯尼迪在《大国的兴衰》这本书里说，1750年，乾隆中叶，中国的工业产量占世界工业总产量的32.8％，将近三分之一。而当时全欧洲只占23.2％，比中国少得多，英、法、德、俄、西班牙、奥地利、意大利等整个欧洲，才占23.2％。所以康雍乾时期在手工业方面，中国在全世界上也是首屈一指的，因为中国地方大，工业总产值是很高的。但是这种情况很快就被产业革命以后的西方国家赶上了，而且大大地超过了，到1890年中国就从32％跌落到只占6.2％，150年的时间跌落得这么快，而欧洲上升到62％。可见19世纪，一个世纪里，中外企业竞争激烈，发展速度悬殊，差距迅速地扩大，中国经济力量一落千丈。另外市场贸易方面，中国在乾隆后期工农业贸易总值大约有4.5亿两，主要是国内贸易，国外贸易很少。而英国主要是国外贸易，英国在1792年，相当于乾隆后期，已经是全球性的贸易大国，它的海外贸易总值折合中国银两1.7亿两，比中国少三分之一。18世纪全世界超过50万人口的大城市一共有10个，中国占了6个，就是说城市发展的程度，中国也是最高的。中国6个超过50万人口的城市是北京、南京、苏州、扬州、杭州、广州。而世界上超过50万人口的城市还有四个：伦敦、巴黎、日本的江户（就是现在的东京）以及伊斯坦布尔。所以中国大城市的数目也是最多的。从经济上来说，康雍乾时期的中国不仅是中国历史上历朝历代比不上的，而且也是全世界名列前茅的、经济实力最强大的国家。这是经济上的状况。政治上，康雍乾时期也有很多成就，一个最重要的成就就是巩固了中国的统一，组成了一个统一的多民族国家，形成了现在中国的版图。中国现在的版图，960多万平方千米基本上是那个时候形成的，所以我们是继承了康雍乾时代的遗产。我们看看清朝刚刚入关的时候，中国的局面是什么样的呢？清朝入关以后，它就占领了北京、北京附近、华北地区、黄河流域。而南方长江以南是南明，明朝的残余势力。清朝的第一个皇帝顺治，打了18年，平定了南明，统一了南中国。接着就是吴三桂等三藩割据，整个长江以南都是他们的，一直打到四川、甘肃。当时清朝也是岌岌可危，三藩之中吴三桂兵强马壮，很强大。而台湾在郑成功收复以后，郑氏集团也没有统一在清朝的中央管辖之下，所以南方在康熙以前是割据的局面。北方主要是蒙古势力，当时的蒙古分成三个部分，一个是喀尔喀蒙古，就是现在的外蒙古，蒙古人民共和国，这是一部分，这是漠北蒙古。另外是漠南蒙古，是我们现在的内蒙古自治区。还有一部分是西蒙古，是在现在的新疆。当年新疆地区，特别是北疆，主要是蒙古人，现在好多是汉人、哈萨克人、维吾尔人，蒙古族反而少了。当年的新疆是准噶尔蒙古最为强大，它的军队曾经打喀尔喀，把整个外蒙古都给吞并了。一支军队打到黑龙江，还往南打到热河，就是围场这一带。另外青海也在它的控制之下。西藏因为宗教原因，也受准噶尔的影响，因为准噶尔蒙古跟达赖喇嘛的关系非常好。往西其势力扩大到哈萨克，就是现在的哈萨克斯坦，中亚地区都在它的控制之下，维吾尔当时已经被它征服，所以准噶尔的势力非常大，它占领的地方比清朝占领的还广大。当时康熙统一中国的最大的劲敌是准噶尔，《康熙王朝》电影里不是说平准噶尔吗？确实如此，康雍乾时期最大的一个敌人就是准噶尔蒙古。三朝经过七八十年的战争才解决这个问题，解决了准噶尔问题才能谈得到中国的统一，要不然究竟是谁来入主中国还很难说，最后是康雍乾胜利了。经过70年的战争，战争过程很复杂，是长期激烈的斗争。康熙统一了南方以后（那是在康熙二十多年的时候），北方有两个大的问题：一个是俄罗斯的入侵，俄军越过了乌拉尔山，向西伯利亚扩张，因为西伯利亚基本是无人地区，人很少。它派几十个哥萨克往东如入无人之境，半个世纪就扩张到了太平洋、鄂霍次克海，又往南窜入黑龙江，在黑龙江许多地方建立据点威胁中国。另一个是准噶尔问题，这一问题更加严重，因为俄罗斯人少，它要从欧洲过来，往往100人、200人，几百个人。准部的根据地是在伊犁，与现在的伊犁距离较近，它控制的地方非常大，它自己本部有60万人口，全民皆兵，战斗力很强。当康熙解决了三藩之乱，平定三藩，又解决了台湾问题，收复台湾后，立即把战略重点转移到北方。跟俄罗斯在黑龙江打了两次仗，打败了俄罗斯，然后进行谈判，签订了《尼布楚条约》，解决了东边的划界问题。按照当年的《尼布楚条约》，我们的地方很大，后来到了《瑷珲条约》和《北京条约》，俄罗斯又把中国100万平方千米的领土割掉了，割去的领土相当于法国和德国面积的总和，当然，这是后话。康熙解决了俄罗斯的问题，把准噶尔锋芒遏制住了。但是康熙没有完全解决准噶尔问题，因为当时要出兵到新疆，困难程度我们现在难以想象，当时也没汽车、没飞机、没火车，军队都要步行，要带粮食，粮食的运输是个大问题。当年打仗最重要的问题，是粮食问题、后勤问题，后勤供应不上，所以康熙没有完全解决准噶尔问题。到乾隆的时候，一方面国力更强大了，另一方面准噶尔内讧。所以乾隆是乘虚而入，解决了准噶尔问题，收复了伊犁，真正地完成了全国的统一。打败了准噶尔，西藏才归复中国。康雍乾时期，完成这样一件事情，花了七八十年的时间，也就是打仗打了七八十年的时间，当然是断断续续，这是个很大的功绩。没有这一段，没有康雍乾这个时期的统一，那么不久以后帝国主义入侵中国，中国肯定是要分崩离析的，也就没有现在的中国，不会有现在中国这样一个56个民族的统一的民族大家庭。到后来帝国主义来侵略我们，我们各个民族都能团结起来对付侵略者。如果还像康熙以前，南方和西北都是割据的势力，那帝国主义进来以后很容易地就把中国肢解了。但是经过了康雍乾时期，经过了统一，把各个民族凝聚起来，帝国主义侵略进来，我们才有团结的力量来对抗帝国主义的侵略。这是康雍乾时期对中国的一个很大的贡献。毛主席、周总理都多次提到我们是靠着康熙、乾隆吃饭，确实是这样的情况，靠那个时代的遗产，历史的遗产。这是第一个问题，康雍乾时期的成绩。

二、康雍乾时期的政策

明清之际，长期战乱，从李自成、张献忠起义，到明清之间的战争，经过几十年的战火，中国的经济破坏、人民流亡、人口减员、土地荒芜，非常严重。一些历史学家认为，明朝万历年间人口已经达到一亿几千万了。经过这一段以后人口大量减员，社会矛盾相对缓和，人心思治，那个时候老百姓想的就是不要打仗了，赶快过太平日子，渴望有个安定的环境。所以康熙在平定三藩以后，虽然继续跟准噶尔作战，但都是在边疆地区作战，中原地区100多年没有战争，这对中国、对康雍乾时期的发展有着重要的意义。100多年太平，中国历史上还很少有这么长时间的安定局面，这是经济发展的前提。刚才我讲康雍乾时期的经济发展到了最高峰，这是个非常重要的条件，而康雍乾三朝的政策又能够适应当时形势的要求，适应人民的要求，促进了经济的恢复和发展。康雍乾三个皇帝都是比较英明的，首先一条是清朝努力学习汉族的先进的制度和文化。清朝是满族入主中原，比汉族要落后。它的文化、它的经济各方面都比较落后，但是它肯于学习、善于学习汉族的先进制度，吸收先进的文明，这跟元朝不一样。元朝是游牧民族建立的政权，居处迁徙不定，曾想把整个中原地区都变成牧场，那样就不行。清朝虽然进关后也实行了一些野蛮的制度，像圈地，这表现了满族的落后的东西，但是圈地很快停止了。它在农业方面奖励垦荒，开垦荒地。因为当时人死得很多，大量减员，荒地很多。奖励垦荒，规定开垦荒地，凡没有种子的给你种子，没有耕牛的借给你耕牛，没有房屋的给你盖房子。而且免科，就是免田赋。10年之内免科，或者6年之内免科。就是10年不交税，6年不交税。地方官在当地垦荒有成绩的，可以升官。实行更名田。什么叫更名田呢？就是明朝的藩王占地非常多，明朝皇帝的子孙一个一个都分封在各个地方，福王、桂王、唐王等许多王，分封到一个地方就占老百姓的地，所以皇室占地很多。在明清之乱以后，这些藩王死的死、逃的逃，这些地成为无主地，政府就把这些地都分给老百姓，分给原来种这些地的佃户，作为他们自己的产业。全国的这类土地很多，实行更名田等于是土地改革，把大量土地都分到老百姓手里，对农业生产的恢复很有作用。另一个在水利方面，清朝特别重视水利，治理黄河、淮河、永定河、运河、浙江的海塘，这几个工程，都很巨大。黄河因为在明清两代经常决口，危害非常大。康熙年轻的时候就把三件事放在心上：一件是三藩；一件是河务，河务就是黄河的事情；一件是通漕，通漕运，漕运是运河的事情，就是要把南方的粮食通过运河运到北方，供北京官吏士兵食用。康熙命人把这三件事写在宫里的柱子上，每天都看，其中两件是关于水利的：通漕、河务，河务是黄河与淮河，通漕是运河。还有一个是三藩，吴三桂，这三件事念念不忘，来提醒自己要抓这些大事情。他重用靳辅，这个人是个水利专家，他长期在黄河流域工作，积累了很多治河的经验，在他的治理下，很有成效，达到了“水归故道，漕运无阻”的效果，不让其泛滥。

“水归故道”就是黄河的水回到原来的河道里边去，“漕运无阻”就是运河里边运的漕粮没有阻滞。雍正、乾隆时候继续大力地治河，在水利方面花的钱非常多，有的时候一年的河工费用，数量相当于全年财政收入的三分之一，就是拿国库收入的三分之一来治理河流、水利。各地方修建的各种小型的水利工程也很多，江南地区、四川地区，以及陕西都在挖井，挖了几万口井。由于大搞水利，所以农业生产得以发展。另外，提高农业生产的一个非常重要的、十分关键的措施就是推广农业高产作物，推广种白薯、种玉米、种花生，这几样东西是新作物，都是在哥伦布发现美洲以后引进的，是美洲的土产，在明末传到中国来了，但是没有推广，还没有很普遍。到了康雍乾的时候大量推广高产作物，这些作物的优点一个是产量高，种小麦一亩只能收100斤、200斤，而种白薯、玉米，可以收上千斤、几千斤，产量高了。另外这种作物耐旱，土质也不要求非常高，而且适于在山区种植，所以粮食产量大大地增加。刚才我说能养活3亿人口，可能不推广这种高产作物，就到不了3亿人口、4亿人口，这是很重要的。乾隆对推广高产作物是非常热心的，下了好几次谕旨要种白薯。福建有个老人叫陈世元，到全国各地去推广白薯种植方法，指导如何育秧成活，很感动人。重视农业还表现在大规模地移民，就是从中原人口密集的地区向边疆空旷的地区移民，主要是向东北、台湾、蒙古、新疆、西南移民。过去这些地方是地广人稀。台湾，郑成功收复台湾时才十几万人，康熙收复时也不到20万人，到200年以后就发展到了200万人，增加十倍，主要是从闽南移民去的。东北原来也是地广人稀，沈阳、铁岭、开原以北全部是森林。当年外国传教士张诚跟着康熙到东北去，据他记载，一过铁岭、开原，没有城市，没有人，只看见森林、沼泽、野兽，现在全是农业。康雍乾时期，虽然那个地方名义是封禁的，是禁区，因为那是清朝龙兴之地，清朝发祥之地，但清朝政府仍然采取鼓励移民的态度，所以老百姓自发地往东北跑。所以穷人有一句话叫作“闯关东”，穷人没有办法活了，在关内地少人多，就跑到东北去，所以现在东北人原籍都是山东、河北的。另外到内蒙古去，去内蒙古叫作“走西口”，这都是穷人往边疆移民。明朝时内蒙古没有汉人，现在汉人人数超过蒙古人。当年新疆一个汉人都没有，现在乌鲁木齐这一带包括伊犁有许多汉人。随着汉人的移居，这个地方的生产方式也在改变，原来都是游牧民族，现在游牧跟农耕相杂，半农半牧，这些都是在康雍乾时期开始改变的，边疆地区发展也是在这个时候。还有西南实行改土归流，雍正实行改土归流以后，把西南地区土司全部改成州、县，跟内地一样。原来都是土司，土司是世袭的，朝廷没办法改变他的世袭，它是个独立王国。雍正实行改土归流，把土司制度取消，全部由中央政府派遣的流官管理，这是一个很大的改变。这样很多老百姓，湖南的、湖北的、四川的老百姓往西南移动，因此西南的农业也发展起来了。这是农业方面的一个重大的改变。另外还有赋税制度改革，清朝的赋税制度改革也是非常重要的，最重要的是地丁合一。地丁合一就是把土地税跟丁口税合在一起，按照土地多少来征收。这个地丁合一变化过程很复杂、很漫长，简单地说就是取消了丁口税、人头税。古代有一个人就要征一个人的税，现在你生的人多少跟赋税没关系，你占土地多少就纳多少赋税。这个政策对老百姓来讲是件好事，穷人人多可以不纳税，富人人少但占土地多，得多纳税，就是取消了人头税，而且永不加赋。清朝有个祖制，永远不增加赋税，规定了多少，以后永远按照这个税额不再增加税收。当然执行过程中有种种变形，那是另外的事。还有经常减免赋税，清朝康雍乾时期，减免赋税特别多。康熙在位前40年一共减免了9000万两赋税，9000万两赋税相当于当时全国三年的收入，当时每年大约有3000多万两银子收入，也就是说全国的国库收入将近三年免掉了。乾隆免税更多，乾隆一共在位60年，其中有四年不收赋税，普免钱粮，一年的赋税整个不收。除了这四年普免钱粮，另外零零碎碎免钱粮的，或者因为灾荒免钱粮的很多。就这样国库钱还很多，乾隆晚年国库的存银有7000万两，7000万两相当于两年的国库收入，就是两年不收税也没关系，存了这么多的银子。所以乾隆经常说，我库里的钱太多，用不完怎么办？他愁用不完，他也没有现代的工程投资，也不能开工厂，也不能造铁路，没有投资干什么呢？他采取以工代赈的方法，修城，各地方修很多城池。另外造宫殿，圆明园、避暑山庄，北京的市政建设、街道、庙宇、衙署，等等。他是以工代赈，和历史上的大兴土木有很大的区别。古代的大兴土木是无偿地服劳役，大家去做工，不给钱的。乾隆是雇人，出工钱，老百姓受惠。所以对大兴土木还要具体分析，并不是所有的大兴土木都一样的。还有搞河工，黄河工程、运河工程，都是巨大的工程。

清朝政治上还有一个很成功的政策，就是对少数民族的政策。满族入关以后对西北用兵，跟准噶尔打仗，用军事力量来平定割据势力，这完全是必要的，战争也是很激烈的。但是另一方面，满族本身是少数民族，所以它更加理解少数民族的心态，理解少数民族的要求，它制定的政策更多地考虑到少数民族的特点，这一点是非常重要的，汉族做不到。所以清朝时长城失去了作用。长城原来是汉族防止少数民族入侵的一个工事，康熙皇帝说我不用长城，我用人心，人心就是我的长城。笼络少数民族的心，团结他们，这一点是与过去非常不同的。清朝在中央设立理藩院，专门管理少数民族事务。满族入关时人很少，只有几十万人，当时汉族就有上亿人口了，至少按照记录有7000万了。那么多的汉人怎么被几十万满人征服了呢？毛主席曾经向范文澜同志提出了这样一个问题，他说清朝入关的时候60万人口，怎么能够征服7000万人的明朝？我想研究一下这个问题，但是我现在没有时间，将来空闲一点再研究罢。这是毛主席60年代跟范文澜一次谈话里面讲的。恐怕其中一条，满族历史上团结蒙古族，这是很重要的。当时蒙古族是中国最大的少数民族，也是最强的少数民族。清朝对少数民族的政策方针有两句话，叫作“齐其政不易其宜”“修其教不易其俗”。“修其教不易其俗”就是管理其宗教而不改变其风俗；“齐其政不易其宜”就是整顿其政治而不改变其特点。清朝在各个地方都设立了行政管理机构，这是跟历史上不同的。历史上汉唐也曾经统治到新疆，统治到东北，统治到西南，但是当年的统治有两个特点。一个是时间很短。汉武帝、汉宣帝几个皇帝对上述地区的统治到王莽以前就结束了，不到100年的时间。唐朝到武则天、唐明皇以后，对西域的统治就结束了，统治的时间很短。另外一个，设立都护府，是设立军事机构，不是行政机构，不是个长期的实际管理机构，行政管理仍然是当地少数民族头人，他们的领袖。这些地方自古以来就是中国的领土，但那个时候跟中央的关系、跟内地的关系是非常松散的，甚至长时期是对立的。所以中国历史上很大的斗争是农业民族跟少数民族、游牧民族之间的斗争。同志们学习中国历史都知道，汉朝跟匈奴、鲜卑，唐朝跟突厥，宋朝跟契丹、女真、蒙古，历史上是长时期的农业民族跟游牧民族之间的斗争连续不断，这对我们历史的发展影响极大。但是到清朝康雍乾时期改变了这种状况，一方面是各地方设立行政机构，而各地方设立的行政机构又不一样，根据各地方的情况因地制宜。东北和伊犁是实行将军制，都设立将军：黑龙江将军、盛京将军、吉林将军、伊犁将军，设立将军府，因为这些地方军事斗争比较频繁。西南地区改土归流，干脆改成州县，跟内地一样。蒙古地区设立盟旗，现在内蒙古的盟旗都是清朝时设置的，这个盟旗也是仿照内地的州县，但是又不一样，它的上层都是蒙古的王公，这是为了照顾他们，团结他们。而维吾尔一带设立伯克制，那个地方原来实行的就是伯克制。在西藏是尊重达赖喇嘛，派驻藏大臣。所以各地方根据不同的特点，设置不同的机构。我们现在跟香港是“一国两制”，我看中国清朝是“一国多制”。根据当地特点来设立制度，这样形成了中央和地方的紧密关系，和边疆地区的关系也逐步地加强、逐步地巩固，形成了中国的多民族大家庭。所以我前面提到近代帝国主义侵略中国，全民族团结一致反抗外来侵略，都认同中国，如西藏抗英、台湾抗日、东北抗日，甲午战争时抗日、云南抗法，许多少数民族都参加反侵略的斗争，形成了中华民族的凝聚力，这个恐怕也是康雍乾时期的一个很大的功劳。文化上康雍乾时期实行尊孔重儒的政策。尊重孔子，重儒教，崇文兴学，大规模地编印了很多图书，举办了很多大规模的文化工程。盛世修典、盛世修史，这是中国历史上的一个优良的传统。大规模的文化工程，像《全唐诗》900卷，把唐朝的诗全部收集起来，一共是48000首。《康熙字典》收了57000字，这是中国收字最多的也是最规范的一本字典，这些都是精品。《皇舆全览图》，是康熙年间请西方传教士在全国普遍测量地形后绘制的。这个《皇舆全览图》在当年，在18世纪的时候是全世界最先进的地图，是经过实地测量，持续地工作了10年绘成的，在地图测绘史上是走在了世界的前列。在电视剧《康熙王朝》里面有一张地图，就是指的这张。但是电视剧的表演有点离谱，它说是康熙初年有一个叫周培公的人查了许多古书编的，这是编造的。因为编这样高水平的地图，古书上是查不到的，而必须实地测量。康熙初年是不可能出现这样的地图的，康熙初年还没统一中国呢，不可能到各地方去实际测量，也不可能产生一张水平高的地图，必须要到康熙晚年打败准噶尔，才能到全国测量，包括到西藏、台湾去测量。而且它是由西方传教士编的，西方传教士里面有水平很高的科学家。康熙不惜重金派科学家出去到全国去测量，这样才能够出现如此大范围、大面积、非常准确的地图。雍正的时候刻印了《古今图书集成》，这是一部大的类书，按内容分类，收集古代书籍共1万卷，是由陈梦雷主持的。乾隆时候完成了《明史》。《明史》修纂从顺治开始修了90年，当然顺治时候还没有正式开始修，只是成立了机构，发布了一道谕旨，要修《明史》，就要征集各种资料，因为当时打仗，所以还顾不上修。康熙初年也是打仗，也来不及修。到了康熙中叶才认真地修史了，这就是盛世修史。主纂者为大学者万斯同。万斯同不当清朝的官，但是愿意参加修历史，他是明朝的遗民。在修《明史》的过程中，万斯同的功劳最大了，当然后来还有王鸿绪，还有张廷玉等人，他们一起修成了《明史》，用了90年时间。乾隆时候又编《四库全书》，这是大家都知道的。按经史子集四部分类，收入图书3500种，存目6700种，正目和存目两类，一共有将近一万种。这部书字数太多了，当时条件不能印，印的工程太大了，只能抄写。动用了两三千人抄写了7部《四库全书》，字迹非常工整。北方存放了4部，南方有3部。北方存放在沈阳的文溯阁、圆明园的文源阁、故宫的文渊阁、避暑山庄的文津阁，南方存放在杭州的文澜阁、镇江的文宗阁、扬州的文汇阁，一共7部，现在有好几部已经毁掉了。国家图书馆分馆前这条街叫文津街，为什么叫文津街？就是因为国家图书馆存有一部书——文津阁《四库全书》。这部书原来在避暑山庄存放，后来从避暑山庄搬到北京来，藏在北京图书馆，所以这条街改名文津街，就是因为国家图书馆分馆是存放文津阁《四库全书》的地方。当时还有许多文化工程，像《十三经石刻》，蒋衡手写的，现在存放在国子监里边。还有满文《大藏经》，是很大的文化工程。

三、康雍乾盛世中的阴影

第一，中国是个大国，土地广阔、人口众多，因此工农业生产的总值超过世界各国，当时没有一个国家有中国这么大。美国那时候很小，它18世纪刚刚建国，开始建国时只有13州。中国的国家大，人口的基数也大。尽管我们生产总值超过世界各国，但人均占有的资源、人均占有的产量要低于西欧。当时英国有1600万人口，每人平均占地10亩以上，还有很多荒地，占不了那么多地。而中国人均占地只有3.5亩，少三分之二。所以是地少人多，人满为患，这是中国的一个大问题。中国农民精耕细作，非常勤劳，也非常穷困，在一个单位面积上投入更多的劳力，以求生产更多的粮食。因为人均的占地面积少，所以乾隆时代中国农业人均粮食产量比英国要少一半，农业生产率大大低于英国，这一点就意味着农民穷困，没有力量购买更多的工业品，买不了那么多的工业品，就难于形成一个广大的市场，限制了工业的发展，所以农村的穷困是经济发展的一个重要的制约因素。当时英国的情况，农民很富有，所以农村和城市的贸易很兴旺。而中国的贸易有个特点，就是农民把粮食售给城市，换的银子用来交租而不是买工业品。中国真正的工业品下乡，在康雍乾时代是很少的，这是约束中国经济发展的一个很重要的因素。

第二，中国封建专制主义体制历史悠久、根深蒂固。到了康雍乾时期，专制主义中央集权更加厉害了，变本加厉。因为康雍乾时期的专制主义，跟当时中国的版图广大、地区经济发展不平衡、存在多民族的文化传统都有关系。与此相应，要整合这个广大的地区，要把不相同的利益、不相同的意志、不相同的民族的风俗习惯整合起来，整合成一个国家，需要中央集权。没有中央集权，中国这个版图这么大的国家，经济的差别又这样大，能整合到一起吗？没有个强有力的中央，怎么能整合到一起？那就要分崩离析，天下大乱，谁也不听谁的，地方割据，没有中央的权威。所以高度的专制主义的政治体制与中国的状况相适应，但是这种体制不适于大众的参与，民众参与不了政治。不像欧洲开始有议会了，开始有制宪会议了，城市开始有市民阶级出现了。缺乏民众的参与，这样不能够适应现代社会的需要。而且权力的高度集中，也缺乏约束和制约的力量。康雍乾时期，商品经济是相当发达的，这样就容易滋生出权钱的交易。所以康雍乾时期贪污腐化是非常严重的，惩治的力度也不可说不大。乾隆时候有一年甘肃发生个赈粮案，涉案官吏，知县以上杀掉了56个，包括总督、巡抚、藩司、臬司，当时省的主管许多被处决，知县以上56人判死刑，充军的几十个。我们知道清朝时的官是很少的，不像我们现在的官的副职很多，它没有副职的。清朝知县没有副知县，就只有一个知县。就一个甘肃省，而且当年甘肃的县没有今天这么多，杀掉的和充军的有100多人，弄得甘肃省都没官了。惩治的力度这么大也没有用，最后照样出了个和珅，大贪污犯，所以这也是当时政治体制上的大问题。

第三，重农轻商。清朝重视农业，刚才我讲了。现在在故宫里还存着一种档案，叫粮食雨水档案，记载着清朝每个县每个月要向中央上报的当地粮食价格，米多少钱，上等米多少钱，中等米多少钱，麦子多少钱，豆多少钱，种种粮食价格。雨水情况，下雨没有，下了几场？收成问题，一成、两成、三成，每个月要呈报一次，可见清朝重视农业的程度。皇帝要经常了解情况，他考虑的是，下雨没有？粮食贵不贵？乾隆皇帝写了几万首诗，最多的就是问各地方下雨的情况怎么样。他非常关心农业，但是很轻视工商，这与西方国家不一样，压抑工商，怀着传统的偏见，不给工商业足够的发展空间。对有的行业加以垄断，比如盐、对外贸易等。另外有的时候禁止开矿，有的时候放松，这是怕矿工聚在一块要闹事，不太平。所以轻视工商业，不给工商业以扶植、支持，不鼓励工商业，搞对外贸易也是不允许的。

第四，中国封建社会实行闭关自守政策，康雍乾时期尤其严格。康熙时候四口通商，全国允许四个口岸可以和外国通商。乾隆时一口通商，只允许广州一个地方通商。就像我们“文革”以前也是广交会可以通商，其他地方不能通商。康熙时候还允许传教士到中国来，带来了自然科学知识，如天文、数学、历法、地理、物理、化学、医学等，多得很。雍正时候就把传教士通通驱逐出去。乾隆时候就保留了几个传教士：会绘画的郎世宁、搞建筑的蒋友仁、天文学家王致诚，另外还有些人留在中国搞天文。西方商人可以到中国来，但是限制在广州一口，只能到广州。中国商人很难出国。虽然中国商人也有出国的，但出国的限制很厉害，对船的尺寸有严格规定，特别禁止带铁器。不准带铁器就麻烦了，烧饭的锅不许铁制，只能用砂锅做饭。也不能带斧头、刀等，如碰上海盗就只能束手就擒。对出去的时间也有严格的限制，过了时限回不来就永远不要回来了。带的商品种类也有限制，米不准带，粮食不准带，书籍不准带。书是向外国传播中国文化，是好事，也不准带。福建有个华侨，在外国住了很长时间，20年时间。

这个华侨在印尼是个居民领袖，英文名叫作加毕丹。20年在国外，而且当了加毕丹，他思念故乡，携眷回到中国定居。朝廷说他长期在外“甘心从贼”，被判了刑，家产充公，本人流放黑龙江，妻儿作为奴婢。这么对待华侨，就是怕中国人跟外国人接触，中国汉民跟外国人接触以后会造反，造成不稳定的因素。所以当时的对外政策十分糟糕，而且自以为是天朝上国，自我封闭，自我满足，不肯睁开眼睛看看世界，不肯了解世界的情况。即使当时中国最先进的知识分子，也不知道英国在哪儿，法国在哪儿，有多大，根本不了解，谁也不知道，谁也不想知道，谁也不可能知道，完全是在封闭的、孤立的小天地，昏昏然、懵懵然地过日子。1793年英国使团到中国来，使团团长马嘎尔尼，这是个很有名的使团。他是抱着向中国要求通商的目的来的。英国是非常重视跟中国通商的，因为中国是东方一个最富、最大的国家，英国想打开市场跟中国通商。使团庞大，700人乘坐好几艘大船，带了大批礼物——600箱礼物。带来的礼物是什么呢？为了炫耀他们的科学成就，带着最先进的科学仪器——天文仪器，装在圆明园一间大屋子里，装了一屋子。但是乾隆本人和那些官僚们并没有重视这些。除了天文仪器外，还有兵器、军舰的模型。军舰模型应该是会引起他们注意的，这是武力，但也没有引起注意。乾隆认为，这些科学仪器是英国在炫耀，我们应该告诉英国，你这个没什么神奇的，中国应有尽有，也能制造，这完全是瞎话了。所以中国本来有一个接触外国先进文化的非常好的机会，但是没有抓住。这个机遇丧失了，失去了一个放眼看世界的很好的机会。

第五，康雍乾时代发生了很多文字狱，以言论文字罪人，判人重罪，使得知识分子不敢谈政治，不敢谈现实，窒息了自由活泼的思想。中国古代的自然科学是相当发达的，但是以后不行，这是因为中国古代长期实行科举制度，重视八股文章，钻研儒家经典，把自然科学排斥在知识领域之外，不认为它是知识。考科举没有考自然科学的，以前有个算学科，后来连算学科也取消了。康熙本人虽然是很爱好自然科学的，跟着传教士学习自然科学，数学、物理都有相当高的造诣。但仅限于宫廷中，并没有影响到社会上去。社会上儒家思想占统治地位，和自然科学格格不入。这个时期国外自然科学正迅速发展。17世纪下半叶到18世纪初，已经是牛顿的时代，科学突飞猛进，学习研究自然科学形成西方的社会风气，科学极大地普及。而中国的知识分子还在钻研古代的经典，不知自然科学为何物。编《四库全书》的时候发现了中国古代的数学，十本数学书，由戴震进行整理。中国的古算虽然很兴盛，但这是古算，跟现代算学不一样。所以科学技术方面的落后也是中国进一步发展的重大障碍。

我们一开始讲了康雍乾时代的成就，盛世辉煌，但是辉煌中间潜伏了许多阴暗的东西。当时世界是什么情况？18世纪的时候，乾隆的时候，英国正发生产业革命。瓦特发明了蒸汽机，这是一种划时代的发明，使得人类摆脱了对自然能源的依赖，这样才能有工厂，产生工厂制度，生产力突飞猛进地提高。法国发生了启蒙运动，一大批先进思想家伏尔泰、孟德斯鸠、狄德罗、卢梭等鼓吹博爱、平等、自由。18世纪末，又发生了法国大革命，1789年，也就是乾隆五十四年，法国大革命扫荡了欧洲大陆的封建制度，开辟了资本主义新时代，欧洲从此进入新时代了。而中国尽管康雍乾盛世时生产总量、综合国力在中国历史上发展到前所未有的高峰，在世界上也是数一数二的，但中国的经济发展缺乏后劲。最近美国出版一本书《白银资本》，把中国的17、18世纪，说成是世界的中心，这本书现在国外很风行，说当时美洲产的白银全部流到中国来了，这样说未免有点夸大，但迟至18世纪中国仍是世界上的强大国家。当时，中国对外贸易每年都是出超，每年都有盈余。中国的白银量不断地增加，货币量也不断地增加，中国商品经济也是在白银的刺激之下迅速地发展。但是中国没后劲，缺乏后劲。所以刚才我讲的这是阴影，没有持久的前进的动力。一个传统的国家要进入近代社会，是政治、经济、文化多种因素持续发展、相互促进的结果，应该说有许多方面要齐头并进，持续发展，这样才能够进入近代化的轨道。康雍乾时期，中国虽然出现了近代因素，但是还有许多滞后的东西，拖后腿的东西。这些滞后的东西阻碍社会的前进。只有改变这些滞后的因素，只有对当时的制度、政策、观念进行一次大幅度的改革，才能够解放生产力，才能迎接产业革命的到来。但是当时的人们并没有认识到这是滞后因素。社会上的落后的东西有极大的危害性，人们习惯已成，又没有见到更先进的东西，还认为是好东西。没有认识到现实的体制、政策、观念的落后性和不合理性一定要改变，当时的人们，包括最先进的知识分子没有这种认识，也缺乏比较，他们封闭在一个天朝上国的幻梦之中，不了解外国情况，不看看世界的情况。当时世界对中国的了解就不一样了，那时许多外国传教士到中国来了，他们有个制度，传教士都要向罗马教廷写汇报，汇报看到的情况。所以现在在罗马教廷里面有很多关于当时中国的材料、档案，这些档案是用拉丁文、葡萄牙文写的。当时西方已经掀起了一个学习中国的运动，认为中国有很多好东西。但是中国对西方毫无了解，中国也有留学生，是外国传教士带出去的，这些人在中国默默无闻，连名字都不知道。我们是从梵蒂冈的档案中知道他们的。其中有几个学生见到过当时的法国国王路易十四和宰相杜尔阁。这些留学生的文化程度很高，当时中国正在编《四库全书》，理应网罗这些人才，他们就住在北京郊区，但是他们并没有被请来编书，因为当时没有人知道他们。中国的闭关主义害死人，耽误了中国多少事！历史是无情的，当你一旦在近代化的起步点上落后一步，就步步落后，因为你所丧失的不仅仅是时间，而且也丧失了近代化的条件。其他国家抢在前面实现近代化，反过来变成中国实现近代化的障碍，因为其他国家抢在前面占领了制高点，中国就上不去了。例如，中国和日本的近代化起步时间差不多，日本的明治维新和中国的洋务运动时间是相同的。但日本抢前一步，反过来打中国，甲午战争把中国打得大败，勒索赔款2.5亿两，2.5亿两相当于日本当时6年的财政收入，它一下子从中国得到那么多赔款！所以当时日本人说钱这么多，我们都不知道怎么用了。日本政府就利用这些钱来扩充军事、投资教育、开工厂。它的经济和军事实力上去了，中国就什么也没有了。中国原来有这么深厚的底子，是这么强大的国家，后来衰退到如此地步，这值得我们深思，从康雍乾时期可以总结很多经验教训。当然，落后就要挨打，甲午战争日本打了中国，八国联军更是占领了北京，赔款4亿，比甲午战争还加1倍。中国还受得了吗？不是民穷财尽了吗？怎么搞近代化？所以一步落后就步步落后。直到上个世纪，即20世纪，成为革命的世纪。落后挨打当然是坏事了。

但反过来也刺激了中国人的觉醒。推翻帝国主义、封建主义的统治，起来闹革命，经过艰难曲折的路程，现在我们终于摸索到了一条建设有中国特色的社会主义的道路。这条道路能够摸索到实在是不容易，现在改革开放20年了，初见成效。我们的建设成绩虽然很辉煌，但是离我们的目标，离一个国家的全面的复兴繁荣还有很长的道路。所以回顾过去，我们珍惜现在。展望将来，我们一定要在邓小平理论指导下，要在江泽民“三个代表”思想指导下，努力前进，来建设我们繁荣、富强、文明的社会主义国家。

问：我提一个问题：你能否评价一下在我们现在的影视屏幕中所表现的康雍乾盛世？

戴先生：历史和艺术是不一样的，历史讲求的是真实性，不能有丝毫的虚构。艺术，电视剧，它允许虚构，而且必须有虚构。但是艺术的虚构也是有条件的，它是在不严重违反当时历史情况之下的虚构，不能够严重违反历史真实。我感觉到现在的电视剧，当然有些电视剧也是希望能够表现当时的历史状况，像《雍正王朝》啊、《康熙王朝》啊，它有这种主观的意图。因此它写的东西，大的轮廓基本上是按照历史写的，但是其中很多内容是虚构的，有许多虚构超出了范围。比如《康熙王朝》，表现收复台湾的时候，写郑经和康熙作战，那是错误的，因为郑经当时已经去世了。当时和康熙对抗的是他儿子郑克塽，郑克塽当时年纪还很小，主要的主持是刘国轩，影片里也有这个人，主要是他。在电视剧中最后郑经战败自杀了，这违背了历史真实，因为郑经没有对抗康熙，他更没有自杀，老早就病死了，这一类东西严重地违背了历史事实。还有一种是对历史事实缺乏了解，知识不够。比如说孝庄太后到东陵去，她自己说我去看看我的老祖宗，这就不对了。东陵葬的是她的儿子顺治，她的老祖宗都葬在东北，包括她丈夫也葬在沈阳，而东陵葬的第一个皇帝是顺治，是她的儿子，怎么是她的祖宗呢？这是缺乏历史知识，这样的情况还有很多，这是可以避免的。比如说康熙在车里拿本书看，我一看书的封皮上是《愚斋存稿》，是清末盛宣怀写的书，康熙怎么拿着盛宣怀写的书来看呢？这类笑话，属于硬伤。所以它反映的东西从大的轮廓有一些是按照历史来的，但有许多具体的地方违背历史事实也很严重，这种例子还很多，像噶尔丹娶康熙的女儿，是不可能的，匪夷所思。还有康熙想把女儿许配给李光地，满汉不通婚，这是不可能的。属于这一类的很多了。现在的历史电视剧能够增加人们一点历史知识，可惜它并没有遵守历史真实和艺术真实相一致的原则，有许多虚构太离谱，讲的不是真正的历史知识。还有更多是“戏说”之类，那就等而下之，连一点历史真实的影子也没有。这使得我们历史学家有责任来纠正一下这种不正确的知识，大力地普及历史知识。

问：您刚才讲到清朝盛世期间也是限制对外交往、限制对外贸易，最主要的原因在哪里？是为了保护疆土呢，还是满人对汉人的统治的需要？

戴先生：从深层次的原因来讲，中国当时还是自给自足的经济。当时整个国家可以自给自足，不需要贸易，是个自然经济的国家。自然经济的国家就是不发展对外贸易，它自己完全可以供给了，一切都靠国内来解决，这是深层次的经济上的原因。如果像欧洲一些沿海国家就不一样，它自己不能自足，它只能生产粮食，没有别的东西，必须要到别的国家去买。中国什么都有，是个大国。这是深层次的，自给自足。另外，一个很重要的原因，因为满族是少数民族入主中原，它对汉族防范担心，就是怕汉族跟外国接触以后，滋生起反清的思想、增强了反清的力量。所以它在中外通商关系里，如果发生中国人跟外国人交往就要治罪，治罪最重的是中国人，不是外国人，对中国人就是杀头，对外国人是圈禁，把他关在澳门，关几个月放走，是这么个办法。另外还有一个原因，中国的地理位置处在东亚的一隅，跟世界联系较困难，不了解世界发展的大势，它也不去了解，因为国内的事情多得不得了。当时一些传教士也传来不少知识，也知道有俄罗斯，也和俄罗斯打过交道，而且作过战，和俄国进行过谈判。但是过后《尼布楚条约》究竟怎么定的？自己也闹不清楚了。到了道光的时候，俄罗斯又来东北侵略的时候，又重新把这块地方割去了。条约究竟是怎么定的？当时的界碑，边境的碑立在什么地方也找不到了，俄国是什么样的国家也搞不清楚了。所以各方面的原因，造成中国这个局面。一个是它的地理位置，一个是它的经济结构，一个是它政治上的一种担心，恐怕有多方面的因素吧，造成了这种闭关政策。特别是当年郑成功在海上的时候，清朝要防范海上力量的入侵，所以当年郑氏集团存在着，清朝有个命令，片板不准下海，不要说船了。怕你借机与郑成功相通。所以当时通海是个很大的罪名，要满门抄斩。可能有多方面的原因造成这个局面。它变本加厉，比明朝还厉害，比宋朝、唐朝厉害得多。

问：请问教授关于三藩反清的问题，就是吴三桂、耿精忠、尚可喜他们。教授说他们打出了一个很大的局面，长江以南一度都是他们的，性质上是分裂国家了，但是他们的基础在什么地方?

戴先生：三藩的势力，是在打南明时形成了他们的基础力量。当然一方面他们是汉族，开始时他们是通满族的。吴三桂投降了满族，但毕竟他们是汉族。汉族和满族的利益有冲突，满汉的矛盾是主要的矛盾。第二，三藩力量的形成主要是打南明时形成的。其实，打南明主要是靠三藩，主要是靠汉族的力量，吴三桂、耿精忠、尚可喜，还有一个孔有德。他们在作战18年的过程中，攻灭了南明，形成了很强大的势力。他们在南方被封王，有土地、有军队、有任官权，就是任命官吏的权力。能征收粮食、粮饷。当时有个名称叫“西选”，平西王吴三桂选上的官，各地方都要用，达到这个程度了，吏部都不能够批驳。吏部就是人事部，管理天下的官吏的，吏部不能够干涉，他自己裁决，有军权。这也和中国的地方经济还没有完全统一起来、统一的程度还不彻底这一点有关系。所以以后在民国期间北洋军阀也是这种情况，割据势力，就是他在一个地方有了一定的权力之后，就成为一支对抗中央的力量，使天下兵连祸结不得安定。

问：教授刚才提到这个时期政治上官吏非常腐败，特别讲了甘肃的一个例子，打击力度这么大，但是也解决不了问题。您讲了一个主要原因就是中央集权，除了这个，因为我知道当时可能法律也非常严格，可是还没有解决这个问题，而且愈演愈烈，您能再分析一下原因吗？

戴先生：这个可能与权力制衡有关，法治不健全，是人治，当时的人治是靠康熙、乾隆个人。康熙一个人他能有多大能耐，能够了解多少情况？许多下层社会的情况他不知道。尽管中央的机构是非常灵活的，雍正设立军机处，这个机构也是中国历史上、政治制度上一个创造。军机处非常灵活，处理事情非常有效率，但是他究竟是一个人，他大多独断处理。清朝的制度就是这样，权力独断，一个人说了算。你看中国古代的历史，也是专制体制，有母后、皇后出来专政的，有宦官出来专政的，有宰相出来专政的，有外戚出来专政的，这有许多的例子。清朝这些都没有，这些封建体制的弊端都没有，所以它的政治效率、它的封建专制比较完善，它避免这样种种缺陷，但是它本身还有个根本的缺陷，它的民众参与这一点不行，它的问题在这地方，所以它的权力制衡不行。另外恐怕和当时商品经济的蓬勃发展有关系。以前比较穷，整个社会上没什么钱，交换比较少。乾隆时候交换迅速地增加，我刚才讲过白银，全世界的白银都往中国来，所以称中国为白银地窖，就是收藏白银的地方。当年南美要开采多少白银呢，白银是很重要的东西了。开采的白银很多都运到中国来，因为中国对外贸易顺差，100多年来贸易顺差。外国人没有东西可以卖给中国人，中国自给自足的经济，它来的什么纺织品，中国不稀罕，中国有丝绸和土布，丝绸漂亮、土布结实，外国纺织品卖不动，销不了。他们能用什么换中国的东西呢？白银，拿银子来换。这就促进了中国的交易，通货量增加了。再加上刚才讲的铜矿，云南铜矿那么大。这样促进了商品经济的发展。所以在这样的商品经济下，缺乏法制、缺乏规则的情况下，最容易发生腐败。乾隆时期惩治力度相当强，我看是很强的，哪年都有几个大官僚被砍脑袋，不是一个两个，几乎每年都砍。很大的打击力度，但是屡禁不止。这也说明封建体制的根本痼疾，要有监督制衡的机制，有法制的保障，使腐败行为很难发生。你不从根本上治理，光治标是不行的，当然治标对腐败也是有威慑力量的。

（《广州讲坛演讲录》第一辑）

中日甲午战争与远东政治风云

中日甲午战争是决定中、日两国命运，决定东亚历史格局的重要战争，它虽然过去将近一百年了，但其意义和影响值得我们进行讨论，加深认识。

中国近代史上发生了许多次对外战争，在此之前，已有鸦片战争、英法联军、中法战争，可说是烽火连天，硝烟弥漫。而中日甲午战争，比以前的历次战争规模更大，损失更重，失败更惨，割地赔款，丧权辱国，随之而来的是列强争夺势力范围，掀起了瓜分中国的浪潮，国家和民族的生存面临严重威胁。中日甲午战争前，中国虽已受到帝国主义的侵略，但当时正在搞洋务运动，先进有识之士早已看透了洋务运动的弱点，认识到它不能够挽救中国。但对一般人来说，洋务运动造成一种假象，开了工厂，修了铁路，造了轮船，设了电报，建了海军，办了学校，引进了西方的科学技术，挂起了求富求强的招牌，给人一种希望和幻觉，似乎中国也在前进、发展，似乎“中学为体、西洋为用”的洋务运动也能救中国。甲午战争的失败，使一切都破灭了。三十年洋务运动的成果经不起日本的一击，一点幻想和自我安慰的余地都没有了。正是创深痛巨，刻骨铭心，中国人民从来没有遭到这样严重的灾难，从来没有经受这样的奇耻大辱。所以，北洋舰队在威海卫的覆灭，不仅仅是中国海军的惨败，也宣告了早期富强努力的失败。当时，清朝的北洋舰队，在军事上、技术上是很先进的。在人们心目中，它的存在是中国进步的象征、强大的象征、希望的象征。甲午战争的失败，无情地证明了这种象征的虚假性。这对中国的打击，实在太严重了。特别是败在日本手里，日本是个小国，在历史上一直受中国文化的影响，号称同文同种，它的近代化也刚刚起步不久。败在日本手里，太不光彩，太不甘心了。而日本侵略中国更加凶狠，割地赔款，毫不留情，可说是心黑手辣，彻底戳穿了清朝这只纸老虎，同时，给中国人民在物质上、精神上的伤害极为严重，可说史无前例。

中日甲午战争的失败对全民族造成重大的冲击，使得人们从封建主义的沉沉大梦中觉醒，重新观察周围的世界，重新评估自己的地位和能力，重新选择应该走的道路。所以，甲午战争失败以后，全国震动，一片沸腾，呈现出前所未有的民族觉醒，前所未有的议论、争执、探寻、追求。鸦片战争、英法联军侵华、中法战争以后从来没有过这种景象，民族危机带来了新的转机，历史的辩证法就是这样。历史总是迂回曲折地前进的。一个有生命力的、伟大的民族，历史上既有挫折，也有胜利；既有苦难，也有欢乐，它不会永远胜利，笔直地上升、前进，也不会永远失败，直线下跌，一败涂地。历史总会给人们以机会，胜利和失败相间隔、相交叉。历史上的胜利往往随之而来会有失败和倒退，而历史上的挫折也会增长人们的智慧，锻炼人们的力量，而得到未来胜利的补偿，中日甲午战争的情形就是这样。《马关条约》的签订，激起了全国的悲愤和抗议，三年以后，发生了戊戌维新运动；五年以后，发生了义和团反帝爱国运动；十六年以后发生了辛亥革命。一个误国、辱国、卖国的清政府倒台了。一连串的历史事件，每个事件既是前事之果，又是后事之因，中日甲午战争是这一历史链条中极其重要的环节，如果没有甲午战争的失败，就不会刺激起中国这样迅速地奔跑。这证明了中华民族经得住严重的挫折和失败，能够从中吸取教训，能够在摔倒以后迅速爬起来，寻觅新的道路，做出新的努力。

所以，中日甲午战争的意义非常重要。中国受到了重大挫折，但能吸取教训，发奋努力。这次战争确实是中国近代史上的重大转折点，它的意义就在于激发了全民族的觉醒，一种要求改革和进步的觉醒、富强意识的觉醒、爱国主义和自救的觉醒。

中日甲午战争在世界历史上也有重要的影响。19世纪本来是欧洲人的时代，英国、法国、德国、俄国，加上美国，列强主宰世界，国际的战略局面比较简单，其他国家都是殖民地附属国，任人蹂躏，任人宰割。当时，最有希望赶上去的是东方的两个国家，一个是日本，一个是中国。中日近代化的步伐除了欧美列强之外，算是比较早的，19世纪60年代，中日两国以不同的方式开始起步，中日两国既是近邻，又是竞争的对手。甲午战争是东亚两个竞争对手之间的较量。结果，中国失败了。当然，中国的失败有其自身复杂而深刻的原因，但由于中国的失败，日本才能够脱颖而出，成为东亚的一霸，才会和俄国冲突，并在日俄战争中打败俄国。日本终于赶上了欧美列强，与之并驾齐驱。而中国与俄国在失败以后，经历了不同的曲折的道路，走向社会主义。如果不是甲午战争的失败，或者中国的失败不那样惨重，日本也就难以崛起，俄国也就不至于失败，那么，20世纪初的历史将会大大改观。我们主张历史发展有其内在的必然性，这是就宏观历史而言，资本主义将走向社会主义，这是必然规律。但我们并不是宿命论者，在总的必然性范围之内，历史发展会有多种可能和多样选择，客观历史的形成并不是一个既定的、绝对的、唯一的过程，其中存在许多偶然性，历史的具体的进程和各种情节不是上帝预先安排好而是人们在一定条件下能动创造的。历史给人们提供种种机会，允许人们选择，要求人们创造，等待人们开辟。甲午战争的失败并不是命中注定的，中日双方的主观努力是决定胜负的重大因素。甲午战争中，中国失败了，失去了赶上历史潮流的机会，日本则崭露头角，崛起于东方，大大影响了20世纪初世界力量的对比。从这个意义上说，中日甲午战争影响了世界历史的进程，参与塑造了20世纪东亚国际关系的新格局。

中日甲午战争已过去96个年头。但我们仍然要不断回顾它、纪念它、研究它，加深对这段历史的认识，为的是要向历史学习，增长智慧，吸取教训，鼓舞爱国主义精神。一个国家和民族，如果忘记了自己的历史，很可能重蹈历史的覆辙，重演历史的悲剧。中日甲午战争的失败告诉中国人民：必须力行改革，奋发图强，团结一致，艰苦斗争，必须为国家和民族的振兴进行拼搏，中国才能立足于世界民族之林。我们牢记过去的失败、屈辱和苦难，为的是激发民族意识，弘扬爱国主义，为的是努力争取美好的明天，把祖国早日建设成为社会主义现代化的强大国家。

（《齐鲁学刊》1991年第1期）

学术大师黄宗羲

新版《黄宗羲全集》是迄今为止最完整的、篇幅最大的黄宗羲著作文集。今年是黄宗羲逝世310周年纪念，新版《黄宗羲全集》的出版和我们在这里举行出版座谈会，也是对他一个很好的纪念。黄宗羲寿命很长，活了85岁，著作很多，有一百多种一千多卷，但散失的很多，很可惜。现在浙江的学术界和出版界花了约20年时间（从1985年到2005年）来收集、编校、标点、校勘这么一部书，为学术界提供了一部很好的了解黄宗羲学术造诣和学术成就的好书。这是我们学术界的喜事。

黄宗羲在中国学术史上是一座丰碑，永远闪耀着灿烂的光芒，是名副其实的学术大师。

称得上学术大师，应具备四个条件。黄宗羲完全具备了这些条件。第一，学术上博大精深。他有很多重要著作、学术成就，是一个多面手，如《明夷待访录》《明儒学案》《宋元学案》等，反对专制君主制度的思想，石破天惊，黄钟大吕。他对当代史也做了很多研究，撰写了《弘光实录》《海外恸哭记》等。他还撰写了《四明山志》《授时历法》，并研究西洋历法，不愧是历史上的学术丰碑。

第二，创造性的思想贡献。黄宗羲的思想贡献主要在政治思想方面，最大的贡献在于倡导民本思想，“为天下之大害者，君而已矣”，与一百年后法国卢梭的思想相近。他提出“工商皆本”，已接近近代的经济思想。他还撰写了《明儒学案》，创造了学案体史书，记述明代的思想学术发展。这几个创造，非常了不起。

第三，学术大师往往桃李满天下，学术上薪火相传，有许多的追随者、继承者。黄宗羲在浙江开创学派，设立正人书院，开坛讲学，培养了大批传人，应者云集，影响很大。清代的很多学术大家，像万斯同、万斯大、全祖望、章学诚、邵晋涵等，都是他的学生。在清代浙东学派独树一帜，与汉学、皖学、湘学不同，经史并重，一直到戊戌变法，影响到梁启超、谭嗣同，流风余韵，影响了二百多年。

第四，学术大师不仅学问高，而且道德也高。年轻时他为父亲鸣冤。在弘光朝，号召知识分子反对马士英。明亡后，在四明山组织军队坚持进行抗清斗争，达十年之久。顺治时，抗清失败后，坚不出仕，隐居山中，著书立说，坚持民族气节，坚持政治理念。像黄宗羲这样的学术大师，为人的品质非常好，是非分明，严于律己，在中国学术史上是很杰出、很出色的，永远光芒四射。他的著作是留给后人的一笔宝贵的遗产。所以，在这里我感谢浙江的学术界和出版界花了20年时间收集散失的著作并出版全集，这是功德无量的事。

（《光明日报》2005年8月18日）

乾隆的家庭悲剧及有关的政治风波

马克思主义认为：历史发展有其客观的必然趋势。历史的必然性不是抽象的空话，而是深藏在丰富的历史现象的背后，通过无数偶然的、具体的事件以及具有自由意志的人物的行为而显现出来。历史研究的任务就是要研究丰富的事件和众多的人物，从而揭示潜藏的事件、人物背后的支配力量和发展趋势。阐明普遍的或者具体的历史规律。这篇文章，将考察乾隆皇帝的家庭不幸及其有关的政治风波，进而探索十八世纪中叶的政治形势和朝廷的政策方针，以揭示偶然性和必然性的辩证关系。

乾隆十三年三月十一日，从济南到德州的路上，皇帝东巡的仪仗、扈从，匆匆北上，凤舆中的皇后富察氏病得奄奄一息。到了德州水次，皇后被抬上运河中御舟，即于深夜亥刻宴驾。这一偶然事件却在政治生活中掀起很大波澜，犹如火山喷发，大地震颤，使皇族和官僚们措手不及，蒙受突然的灾难。

乾隆对结发妻子的感情极为深厚，夫妻恩爱，伉俪情深，一旦永诀，十分哀恸。虽万乘之君，不可能改变命运之神的安排，难以弥合精神上的创伤。他为皇后之死，写了一篇《述悲赋》，其中说，“纵糟糠之未历，实同甘而共辛”，“影与形兮难去一，居忽忽兮如有失”，“信人生之如梦兮，了万事之皆虚，呜呼，悲莫悲兮生别离，失内佐兮孰予随”[①]。他的诗中说：“廿载同心成逝水，两眶血泪洒东风。”[②]皇帝的哀思是深沉而真挚的，乾隆既是凌驾亿万人之上的君主，又是有血有肉，具有爱恨悲欢感情的普通人。皇后这次跟着皇太后和皇帝到山东巡幸，谒孔庙、登泰山，旅途劳顿，到济南感染风寒，休息了几天，病情略有好转，却过分匆忙地赶路回京，途中病情复发，遂至不起，酿成乾隆帝的终生憾事。此后，乾隆多次南巡，路过济南，怕触景生情，引起悲怀，永不进入济南城。乾隆三十年，皇后已死去十七年，第四次南巡，路过济南，绕城而行。乾隆写诗说：“济南四度不入城，恐防一入百悲生。春三月昔分偏剧，十七年过恨未平。”[③]乾隆对孝贤皇

---

①《御制文初集》（乾隆朝）卷二四。

②《御制诗二集》卷三《悼皇后》。

③《御制诗三集》卷四五《四依皇祖南巡过济南韵》。

后（富察氏死后谥号孝贤）的感情是深挚而持久的。

孝贤皇后之死给乾隆帝精神上极大的打击。可是，“祸不单行”，在这之前，皇后所生的两个儿子都先于其母去世，这两个儿子都很聪明，深得皇帝钟爱。一个是皇次子永琏，“聪明贵重，气宇不凡”，那时，老祖父雍正皇帝还在位，很喜欢这个孩子，“隐然示以承宗器之意”。乾隆登基后，很快按照雍正的立储办法，将永琏名字密藏于乾清宫正大光明匾额之后，“是永琏虽未行册立之礼，朕已命为皇太子矣”。不料，乾隆三年十月十二日，永琏猝患寒疾，当即死亡。孝贤皇后以后又生皇七子永琮，只长到两周岁。却“性成夙慧，歧嶷表异，出自正嫡，聪颖殊常”，虽然没有来得及秘密册立，但乾隆的思想中已默定这个孩子继承帝位。到乾隆十二年除夕，灾难临头，永琮出痘死亡。这对乾隆夫妇又是一次重大的刺激。孝贤皇后之死仅仅在永琮逝世以后七十天，因此，皇后除了旅途的疲劳之外，丧失爱子的悲痛可能是更为重要的致病原因。

乾隆的家庭悲剧到皇后之死还没有结束。第二年，即乾隆十四年，皇九子殇，这位皇子年幼庶出，对饱经家庭变故的乾隆影响尚不大。可是又过一年，即乾隆十五年三月十五日，皇长子永璜逝世。永璜系哲妃所生，乾隆并不喜欢他，但他毕竟是长子，而且长大成人，已二十三岁，生下皇长孙绵德，自然在乾隆的心绪上又增添了几分哀伤，所以他说：“朕近年屡遭哀悼之事，于至情实不能已。”①

乾隆帝中年丧偶，又失去几个儿子。如果事情仅止于此，那也是无数家庭中常常发生的悲剧，在历史的长河中无关宏旨。但由于皇后的丧葬事件引起了大官僚一连串的贬责黜革甚至赐死，使乾隆初年相对平静的宦海突然掀起了波澜。朝廷的政策方针从“宽”趋“严”，向着新的统治格局和统治作风演变。

陷入极度悲痛的乾隆帝心情暴躁易怒，待人处事，一反常态。第一个碰钉子的就是皇长子永璜，他年轻不懂事。因为死去的不是自己的生身母亲，没有哀伤的表示。乾隆责备他：“遇此大事，大阿哥竟茫然无措，于孝道礼仪，未克尽处甚多。”②永璜被公开训饬，他的师傅、俺达受处分，其中和亲王弘昼、大学士来保、侍郎鄂容安各罚俸三年，其他师傅、俺达各罚俸一年。一个月以后，乾隆发现皇后的册封文书，译为满文，误将“皇妣”译为“先太后”，乾隆勃然大怒，指责翰林院大不敬，特别指出，管理翰林院的刑部尚书阿克敦“心

---

①《清实录》，乾隆十五年三月戊午。

② 同上书，乾隆十三年三月丙子。

怀怨望”，交刑部治罪。其他刑部官员见皇帝盛怒，加重处分，拟绞监候。不料，暴怒的君王尚不满意，责备刑部“党同徇庇”，故意“宽纵”。将刑部全堂问罪，包括署理满尚书盛安、汉尚书汪由敦，侍郎勒尔森、钱陈群、兆惠、魏定国，均革职留任，而阿克敦则照“大不敬”议罪，斩监候，秋后处决（后得赦）。这样严厉的处分使当时官僚们胆战心惊。

此后，大批官僚都被卷进因皇后丧葬而引起的政治漩涡中，五月间，工部因办理皇后册宝不敬，“制造甚属粗陋”，全堂问罪，侍郎索柱降三级，涂逢震降四级，其他尚书、侍郎从宽留任；光禄寺因置备皇后祭礼所用之饽饽、桌张，“俱不洁净鲜明”，光禄寺卿增寿保、沈起元，少卿德尔弼、窦启瑛俱降级调用；礼部因册谥皇后，议礼舛误，“诸凡事务，每办理糊涂”，尚书海望、王安国降二级留任，其他堂官也分别受到处分。

因皇后丧葬而引起的贬革之风也刮到了外省。皇后之死，有些外省官员具折奏请赴京叩谒梓宫，这本来是表面文章，因为事实上外省官员各有职守，没有可能也不必要一齐来京服丧行礼。想不到乾隆对于那些没有折奏请来京的官员，横加挑剔，特别对满人更加不满。他说：“盖旗员地分亲近，沐恩尤为深重。一遇皇后大事，义当号痛奔赴，以尽其哀慕难已之忧。即或以外廷不敢预宫闱之事，而思及朕躬当此事故，亦应奏请来京请安，庶君臣之谊，不致漠不相关也。”因此，各省满族的督抚、将军、提督、都统、总兵，凡是没有奏请赴京的，各降二级，或销去军功记录。这样受到处分的有两江总督尹继善、闽浙总督喀尔吉善、湖广总督塞楞额、漕督蕴著、浙江巡抚顾琮、江西巡抚开泰、河南巡抚硕色、安徽巡抚纳敏等五十三名满族文武大员。①

接着，风暴又袭入宫廷。两个年龄最大的皇子，大阿哥永璜、三阿哥永璋仍是由于没有表露哀伤的感情而遭斥责，皇帝的口气非常严厉。“试看大阿哥年已二十一岁，此次于皇后大事，伊一切举动尚堪入目乎？父母同幸山东，惟父一人回銮至京，稍具人子之心，当如何哀痛，乃大阿哥全不介意，只如照常当差，并无哀慕之忱。……今看三阿哥亦不满意，年已十四岁，全无知识。此次皇后之事，伊于人子之道，毫不能尽，……伊等俱系朕所生之子，似此不识大体，朕但深引愧而已，尚有何说！”永璜、永璋除了未尽人子之道以外，他们具体的罪状并没有说清楚。乾隆似乎回顾了康熙末年继承问

---

① 参见刘桂林：《孝贤皇后之死及丧葬余波》，《故宫博物院刊》1981年第4期。

题的教训，对永璜、永璋深具戒心，竟谈到立储继统问题，斩钉截铁地宣称：“此二人断不可承续大统，……伊等如此不孝，朕以父子之情，不忍杀伊等，伊等当知保全之恩，安分度日，……倘仍不知追悔，尚有非分妄想，则是自干重戾矣！……须知此一位，但可传一人，不可分传数人，若不自量，各怀异志，日后必至弟兄相杀而后止，与其令伊等弟兄相杀，不如朕为父者杀之。……今满洲大臣内，如有具奏当于阿哥之内，选择一人立皇太子者，彼即系离间父子，惑乱国家之人，朕必将伊立行正法，断不宽贷。”①

这时，皇后之丧刚满百日，乾隆失去二、七两子以后，心目中并没有可以继承帝位的人。他方当盛年，健康极佳，继承问题并未提到日程上，而永璜、永璋年龄尚小，也并无争夺嗣位的举动。乾隆却对他们深恶痛疾，一顿痛骂，狗血喷头，摒绝他们继承帝位的任何可能。这种过分的做法，似乎出于丧妻后过度悲恸所产生的一种变态心理。

因孝贤皇后丧葬而掀起了风潮，皇子和大批官吏被卷入政治漩涡。百日丧满以后，风潮还在发展，这就是查究丧期内擅自剃发的案件。按满族旧习，帝后之丧，为表示哀思，官员在

①《清实录》，乾隆十三年六月甲戌。

百日内不得剃发。七月间，发现山东沂州营都司姜兴汉、奉天锦州府知府金文淳在百日丧期内剃头，乾隆大发雷霆，声言丧期内剃头“祖制”立即处斩。亦如进关时，令汉人剃发，不剃发者无不处斩之理，姜兴汉、金文淳几乎被杀掉，只是后来发现违制剃头的大有人在。像盛京、杭州、宁夏、京口、凉州、四川的驻防满洲兵丁很多剃了发。这才饶赦了姜兴汉、金文淳的性命。其实，所谓“祖制”仅是暧昧不明的习惯，律例会典中并无明文记载，汉官甚至满员对此也不甚清楚。十多年前，雍正皇帝去世时，许多官员没有遵照习惯，丧期内即已剃发，朝廷并没有追究过问。这次乾隆却要追究了，不久又发现大官僚江南河道总督周学健和他所属的文武官员全都在百日内剃发。乾隆震怒，大骂周学健“丧心悖逆，不惟一已敢于犯法，并所属官弁同时效尤，弃常蔑礼，上下成风，深可骇异”[①]。还有许多大官僚丧期内并未剃发，却也受到牵连，如两江总督尹继善“知情不举”，被斥为“好名无耻之徒”；刑部尚书汪由敦与金文淳“谊属同僚，辈称前后”，金下狱时汪由敦给金以照顾，开锁迅速，汪被革职留任；江西巡抚开泰查抄周学健家产，乾隆警告他“若稍有回护袒庇之意，断不能保其首

①《清实录》，乾隆十三年闰七月戊辰。

领”；大学士高斌将周学健押解至京，“伊素与周学健交好，或令周学健自尽。不得到京明正典刑，惟高斌是问”。这些官僚有不少是皇后丧葬案中第二次得罪了。更倒霉的是刑部尚书盛安，他未将金文淳斩立决而判为斩监候，乾隆认为是有意包庇，竟将盛安也判为斩监候。至于周学健本人，则因发现他还有贪污行为，于这年十一月赐令自尽。

其实，违制剃头的大官僚何止周学健一人，湖广总督塞楞额、湖南巡抚杨锡绂、湖北巡抚彭树葵也于百日内剃头。听说乾隆严厉追究此事，吓得战战兢兢。杨锡绂准备自行检举，以求减轻罪愆，塞楞额因是旗人，恐加重治罪，阻止杨锡绂自首，后来事情败露。乾隆的怒气更是火上加油，大骂塞楞额“丧心病狂，实非意想所及”，令其自尽，杨锡绂、彭树葵革职。

皇后死后的半年，因丧葬而掀起轩然大波，除上述的大官僚以外，还有江苏巡抚安宁被解任，罪名之一是“伊于孝贤皇后大事，仅饰浮文，全无哀敬实意。伊系亲近旧仆，岂有如此漠不关心之理”[1]。这年冬至，翰林院撰拟皇后祭文，用“泉台”二字，乾隆又吹毛求疵，认为这两个字用于常人尚

①《清实录》，乾隆十三年闰七月庚午。

可，“岂可加之皇后之尊”，大学士张廷玉以及阿克敦、德通、文保、程景伊等“全不留心检点，草率塞责，殊失敬理之义”[1]，俱罚俸一年。

因孝贤皇后的丧葬而引起的政治风波，震动极大，大臣们或被斥、或降革、或罚俸、或赐死，形成前所未有的大案。乾隆初年，一向标榜宽大政治，“纯皇帝（即乾隆）即位，承宪皇（即雍正）严肃之后，皆以宽大为政。罢开垦，停捐纳，重农桑，汰僧尼之诏累下，万民欢悦，颂声如雷”[2]。的确，在乾隆初期处分大臣十分谨慎，不像后期动辄杀戮。乾隆十三年以前处死的大员只有提督鄂善一人。乾隆六年，鄂善被揭发贪污银一千六百两，鄂善是亲信大臣，乾隆不忍杀他，“垂泪谕之，令其自尽”。有点“挥泪斩马谡”的味道，乾隆自己说：“降旨之后，心中戚戚，不能自释，如人身之失手足也。”[3]号称“宽大”的乾隆竟因皇后丧葬案件，处分大员一百多人，小题大做，株连众多，量刑从严。这一偶然事件和皇帝恶劣的情绪在平静的宦海中竟搅起如许巨大的波澜。可见在封建统治之下，“人治”的作用很大，政治的发展很大程度

①《清实录》，乾隆十三年十月辛丑。

② 昭梿：《啸亭杂录》卷一《纯皇初政》。

③《清实录》，乾隆六年三月庚寅。

以个人的意志为转移。专制皇帝的权威支配一切，没有可以制约和平衡的力量。他的反常情绪和任性放纵，有时会一发不可收拾，导致政治上的大灾难。

从孝贤皇后的丧葬事件，我们看到了个人的意志和情绪会对历史产生很大影响。乾隆十三年，官场遭到的灾祸显然是乾隆丧偶以后，极度悲痛，情绪恶劣，因而在烦恼焦躁中采取了过分严厉的惩罚措施。但是，对历史的研究不能到此止步，需要进一步探索的是，在自由意志和不正常情绪的背后是否潜伏着更为深刻的原因？乾隆采取这些措施除了情绪的冲动之外，是否还有“理智”的考虑？过分的严刑峻法是在什么背景下发生的？它引起了什么影响和后果？

如果我们不满足于“悲痛心情下的极端措施”这一表面印象，而把视界更加拓展的话，就会注意到同年内正在进行征伐金川的战争。这是乾隆前期的第一次大规模战争。尽管当时海内富庶，国力鼎盛，金川之战却碰了大钉子，由于金川番民的顽强抵抗和地形崎岖、碉堡难攻等原因，清廷虽投入大量的兵力、财力，却劳师无功。关于这场战争的情形不能在本文中赘述，由于金川的失利，大批官僚将帅得罪，甚至被处死。皇后丧葬案和金川失利案，几乎同时掀起两股贬黜、杀戮大官僚的风潮，对当时的政界和社会造成极大的冲击。

因金川失利被处死的最重要的官僚是讷亲。他出身满族世家钮钴禄氏，属镶黄旗。他的姑姑是康熙的皇后，“讷亲贵戚勋旧，少侍禁近，受世宗知，以为可大用，迨高宗，恩眷尤厚”[①]。乾隆初，他授保和殿大学士、首席军机大臣，兼管吏部、户部，是一个炙手可热的大人物。金川事棘，他受命督师，刚到前线，即逢腊岭兵败。乾隆一反平昔的宠信态度，责骂讷亲畏葸贻误，于十四年正月将讷亲正法于四川军营。另一个被杀的是川陕总督张广泗，汉军镶红旗人，雍乾之际，他因平定苗疆立功，乾隆对他十分信任。赞誉他“目下精于戎行，能运筹制胜者，朕以为莫过于卿”。金川战败，张广泗被革职解京。十三年十二月处斩。还有一个论死的庆复，满洲镶黄旗人，国舅佟国维之子，隆科多之弟，历任两江、云贵、川陕总督。他是金川战争首开衅端的人，又谎报军情讳饰冒功。十三年下狱，十四年赐令自尽。其他因金川战争而被杀被贬的尚有总督纪山、班第，提督李质粹、袁士弼，总兵许应虎、宋宗璋、马良柱等大官僚和高级将领。

前线将帅应对战局负责，因金川之败而惩处指挥不当、战斗不力的将士本来是正常的，但处决讷亲、张广泗却罚非其

①《清史稿》卷三〇一《讷亲》。

罪，或罪轻罚重。金川战争，决策出兵、命将供饷以至具体的战斗都是乾隆遥控的，讷亲并不熟习军务。他赶到前线在六月初九日，而腊岭之战开始于六月初，至六月十六日战败结束。讷亲猝至前敌，实际上也来不及去指挥腊岭战斗，怎能把战败的责任推到他身上？张广泗则了解金川战争的艰巨性，反对强攻硬拼，主张持久围困，但他的意见未被采纳。讷亲、张广泗、庆复都是金川败绩的替罪羊。这一年，乾隆家庭遭变、军事受挫，心情十分恶劣，故大批诛杀贬革大臣，约一年内被处死的大学士、总督、巡抚、提督等大员有塞楞额、周学健、常安（浙江巡抚，因贪污论绞）、讷亲、张广泗、庆复、李质粹等。被贬革者不计其数。和他十三年以来宽大作风形成鲜明对照，就像他自己所说："朕御极之初尝意至十三年时，国家必有拂意之事，非计料所及者。自去年除夕，今年三月，迭遭变故（指皇七子永琮和孝贤皇后之死）。而金川用兵，遂有讷亲、张广泗两人之案，辗转乖谬，至不可解免，实为不大称心。"①

把孝贤皇后的丧葬案和金川战争案联系起来，可以看出：当时皇帝和大臣的关系十分紧张，这是皇权和官僚机器矛盾加

①《清实录》，乾隆十三年十二月辛卯。

剧的表现，而这一矛盾普遍存在于封建的政治史上，不过，它的表现形式和解决途径，多种多样。乾隆前期，以皇后丧葬和金川失利为契机而爆发了皇权与官僚机器的冲突，这一普遍性矛盾在偶然的形式中表现出来，并带有浓重的个人情绪的色彩。

封建制度依靠庞大的官僚机构进行统治，而官僚机构总是伴随着贪污腐败、营私舞弊、矛盾倾轧、效率低下等不能根本克服的弊端，这种弊端又危及封建制度的长治久安。封建统治机器需要不断进行调整、清洗，以保持一定的素质和效能，这是符合封建阶级长远利益的。在高度的中央专制集权下，皇权至高无上。它既是官僚们的统治者、庇护者，又是监督、抑制、调整官僚机器最强大的力量。因此皇权和官僚机器，既相互依赖，又存在矛盾。君主为保持官僚机器遵照自己的意志而运转，必须经常进行整顿，以排除故障，洗涤积垢，防止失控。为保持君主的绝对权威，严刑峻法是必不可少的。重要的不在于用什么具体理由去惩罚官僚们，而在于牢固地掌握惩罚的权力，并毫不怜悯地付诸实施，就像驱使骏马飞奔，离不开御者的呼叱和鞭打一样。

从这种意义上说，康熙捉鳌拜、杀索额图，雍正处死年羹尧、隆科多，乾隆在皇后丧葬和金川战争中处分大批官僚是属于同一范畴的事件。不管处分的理由正当或不正当，皇帝的思想情绪正常或不正常，一旦做出严厉的处分，就足以整肃群僚，震慑视听，收到冲刷官场积弊的效果。这就是为使骏马奔驰而必须采用的统治术，一切雄才大略的封建君主都懂得它，并善于运用它。

乾隆十三年官场掀起的风波，似乎是偶然的，因为它是皇帝在不良心情下过分处罚的结果，但在另一个层次上说，这种处罚又是皇权对官僚机器进行控制和整顿的表现，是解决两者之间矛盾的手段，因此，它又是必然性链条上的重要环节。在这里，必然性和偶然性相互联结。必然性以偶然性为其存在的躯壳，而偶然性的背后隐藏着必然的东西。

乾隆即位之初，为纠正雍正的苛严而政局宽大，在一定时期内放松了控制，但却带来了副作用，官僚机构逐渐废弛，贪污腐化现象滋长。乾隆很早意识到这一点，并对官僚们提出过警告，“若视朕之宽而一任属员欺蒙，百弊丛生，激朕将来有不得不严之势，恐非汝等大员及天下臣民之福”①。事态的发展就像乾隆预先指出的那样，吏治日益腐败，乾隆对官吏的惩治也随之加重，螺丝钉正在拧紧，朝廷的政策由宽大而趋于严厉。自从乾

①《清实录》，乾隆元年正月甲子。

隆六年，鄂善因贪污赐死以后，乾隆对鄂尔泰、张廷玉两个势力最大的官僚集团特加贬抑。乾隆七年，因御史仲永擅泄露机密，进行追究，将鄂尔泰交部议处，其子鄂容安被革职。乾隆八年，因谢济世案件，湖南全省大官僚均被革职，包括巡抚、藩司、臬司以及湖广总督。乾隆九年顺天乡试，查获许多人夹带作弊，谕令“科场怀挟之弊甚多，势不得不严行搜检”。乾隆十一年，各地抗粮闹赈事件激增，乾隆认为“民风日刁”，加强了镇压，并责怪官僚们，“似此懈怠废弛，盗风何由宁息”。将安徽省自乾隆元年以来任臬司者，均交部察议。乾隆十一年，为了整顿日益废弛的官场和营伍，命讷亲南下巡视。这年，乾隆发现各省亏空甚多，“朕观近年来亏空渐炽，如奉天府霍备任内，则有荣大成等五案，山西则有刘廷诏之案，……揆厥由来，实缘该管上司，见朕办理诸事，往往从宽，遂一以纵弛为得体”[①]。在乾隆的心目中，实施宽大政策已产生了流弊，官僚机器不适应统治的需要，他对现职的大官僚失去信任，雷厉风行地进行整顿已是刻不容缓的要务。以上所举乾隆十三年以前的一系列事件，已显示了政策的渐趋严峻，对官僚们的处罚越来越加重。皇后丧葬和金川战争刺激乾隆采取更加极端的手段，促进和加速了政策从宽到严

---

①《清实录》，乾隆十二年四月丙戌。

厉的趋势。正好像在许多次小地震以后，终于爆发了一场八级大地震一样。

以皇后丧葬和金川战争为契机而对官场的整顿，产生了重要的后果，这就是加快了廷臣的换班和两代人的权力交替。乾隆初年，所用大臣都是雍正遗留下来的老臣，如允禄、鄂尔泰、张廷玉、海望、来保、阿克敦、张广泗等，连最年轻、最有权力的讷亲也是雍正特选拔上来的。乾隆整顿吏治的锋芒正是针对着这些旧人和老臣，他擢用了一批新人以代替旧臣，其中最重要的就是孝贤皇后的弟弟傅恒，还有乾隆的亲信侍卫，如舒赫德、兆惠、富德、明瑞、阿桂等人，正是依靠这批新进的年轻人，不久以后完成了平定准噶尔和回部的业绩，开拓了乾隆中期的统治格局。

乾隆十三年孝贤皇后的丧葬和金川战争失利所掀起的政海风波，值得研究者的注意。因为它反映了皇权控制的整顿官僚机器的一种形式，显示了拥有至上权威的专制君主的意志和情绪会对历史产生很大影响，并且它又展现了十八世纪中叶清廷政策演变的趋势以及当时政治舞台上崛起的一代新人。这些对理解清代政治史的发展是有重要意义的。

（《清史研究通讯》1986年第1期）

第三编　书评与序跋

失去了的机会

——《不愿打开的中国大门》序言

人们阅读和研究历史，总不免要从今天的视角去评说历史上的功过是非。当前的生活经验能够使人们更深地思索过去，对历史上的功绩和失误看得更清楚，体会更深刻。历史不能照原样重演，已经逝去的岁月不能重新开始，对过去的悔恨、惋惜都无济于事，因为我们不能重铸过去。但我们却可以从历史中学习到未来应该怎样生活。人类的行为都是以他们对过去的认识以及在历史中积累的智慧为依据的。让我们翻开18世纪的历史，我们今天感受得最为深切的历史失误就是造成了闭关锁国形势的清王朝的对外政策，这一政策使中国与当时日益奔腾前进的世界历史潮流绝缘隔离，延误了社会的发展，我们的国家和民族为此付出了沉重的代价。而且，由于种种原因，闭关锁国的阴影曾长期笼罩在我们的头上。当朱雍同志攻读博士学位时，我和他商议，把研究范围定为18世纪的中外关系，看看清政府怎样坚持闭关锁国，不愿意开放中国的门户。

要研究“闭关政策”，首先要提出一个问题，历史上是否有过闭关政策？清朝政府曾否执行过“闭关政策”？因为有的同志持不同的意见，他们列举许多中外交往和通商的事实来说明清朝的对外政策是比较开放的。在这篇序言中，我不可能对此作详细的驳辩，近几百年的历史非常丰富复杂而充满矛盾，留下了浩瀚的可以供人使用、驱遣的相互分歧的记载。如果不看历史的本质和主流，谁都可以容易地为两种恰恰相反的观点去掇拾自己需要的例证。当然所谓“闭关”或“开放”，是相对而言的，是比较意义上的词语。“闭关”不会是绝对的封闭，世界上最严格执行闭关政策的任何地方也不能生活在真空里，不会和别的地方毫无交往。清初虽有“片板不准下海”之说，实际上岂能做到这一点。像桃花源那样完全与世隔绝的社会只存在于文士哲人的想象中，就是这一想象中的封闭世界也还免不了武陵渔父的突然闯入。因此，列举一些清代前期中外贸易和交往的史事并不能否认当时总的封闭形势。当时的清政府对外执行封闭主义政策，这是禁锢国家和民族的桎梏，其危害是十分严重的。

朱雍同志在这部著作中避免使用“闭关”而改用“限关”

二字。不论“闭关”也好，“限关”也好，这部著作详尽地描述了封建后期的中国在世界发展潮流中形成了越来越严格的“封闭”体系，探讨了这一过程中中外（主要是英国）双方的政策、态度，彼此的矛盾、撞击。朱雍同志搜集了尽可能多的第一手资料，在这一基础上做了大量的分析论证。思维之光照射了这一迄今尚很少有人探索的朦胧领域。我，作为博士论文的指导教师，对这篇论文达到的水平和其中许多论点最好不作公开的评论，而把它留给学术界和本书的读者。但有一点可以提出：此书对于从长期封闭状态走向改革、开放的人们来说，很值得一读，它将启发我们对中华民族走过的路程进行某些有意义的回顾和反思。

历史有时会出现奇特而有趣的现象，从不同的视角审视同一历史进程，可能会显示很不相同甚至迥然相反的景观。18世纪的中国封建社会是清朝的康雍乾盛世，经济繁荣，政治安定，国力强大，国家的统一和版图的巩固，超过历史上的任何一个封建王朝，如果和过去做纵向比较，它是中国历史发展的一个高峰。但是，国家和民族的进步是没有止境的，后来居上是必然趋势，如果仅仅以比过去有所进步而感到满足，自我陶醉，就有可能陷入停滞的危险。特别在近二三百年中，地理距离的巨大障碍逐渐消除，许多在过去是遥远难达的地区变成了旦夕可及的近邻，世界上各个国家、各支力量相互竞争，你追我赶，弱肉强食，适者生存。当我们把所谓“康雍乾盛世”移到全世界的坐标系上，就出现了完全不同的态势和景观。当时，西方国家正在经历产业革命和政治革命，资本主义国家的生产力突飞猛进。18世纪末，亦即乾隆晚期，法国发生震惊世界的大革命，扫荡了欧洲的封建堡垒，为资本主义制度开辟了发展道路。在文化思想领域，有亚当·斯密、孟德斯鸠、伏尔泰、卢梭、狄德罗、康德等杰出人物，如群星灿烂，辉映天空。如果用资本主义青春期的崛起做比较，那末，同时代中国康雍乾盛世所取得的成就变得黯然失色，中国落后了一个历史时代，看上去犹如衰颓的老翁，体态龙钟，步履蹒跚，失去了活力和生机。

人们长期思考着：在古代，曾经处在世界先进行列的中国为什么落后了？为什么和西方国家拉开了愈来愈大的差距？政治家和学者们都试图回答这个问题。地主阶级的残酷剥削、自给自足的小农经济、宗法家族的社会结构、高度集权的专制主义、地区发展的不平衡、庞大人口的压力、封建传统文化的负担、相对封闭的自然环境等等。人们不无道理地从各方面来解释中国落后于西方的原因，都有一定的根据。但是，中国和西方国家的差别似乎不仅仅是发展速度的快慢，而是在文化特点、社会结构上存在深刻的差异。假如没有外国资本主义的侵入，中国将按照自身的规律向前发展，从内容到形式将会和西方世界很不相同。譬如两列火车在两条轨道上行驶，各自奔向遥远的未来，我们不知道两条轨道将在何时何处会合交接。

西方资本主义发展的一个历史作用就是使各个地区靠近起来，进入一个世界体系，就像马克思所说，它迫使各个国家和民族推行资本主义文明制度，按西方的面貌改铸全世界，这是不以人们意志为转移的客观过程，是不可逆转、不可抗拒的必然趋势。全世界或迟或早都发生了历史的转轨，即传统社会的运行机制，在外国侵略势力的撞击下发生改变，打破了常规和平衡，进入了动荡的斗争和变革之中，激发了自立自强的努力。从一定意义上说，两个世纪以来的中国历史就是一部转轨中的历史，中国封建社会走完了乾隆盛世的路程，随即与外国资本主义激烈冲突，备受欺凌，饱尝酸辛。一切斗争、探索、成功、失败都反映了转轨时的艰难。历史悠久的中国封建社会具有自我调节、自我维护的强大能力，在历史必须转轨时显示出巨大的惰性。它在和外部世界接触的早期就产生了自我隔离机制，实行严格的闭关政策，在中国的周围设置了一道防波的堤墙，阻挡着滔滔而来的世界文明潮流。本来，历史进展是十分复杂的，充满着可变性与多种选择的机会，而闭关政策的实施，使人们闭目塞聪，毫不了解外部世界，错过了许多次选择和转变的机会，推迟了社会发展，大大削弱了中华民族抵抗外来侵略并在世界历史舞台上进行竞争的能力。

闭关政策的产生自有其深刻的根源。由于中国封建社会的自然经济结构和远离其他文明中心的地理环境，形成了相对独立、自我延续的深厚的中国古代文明，这一文明必然带有排他拒外的倾向。明代后期，西方殖民主义东进，大批传教士涌入中国，带来了西方的科学技术和书籍、仪器，这是继佛教之后，外来文化的第二次大规模输入。但东进的欧风还不可能吹越过高耸的封建峰峦而遍及中国大地。18世纪的中国反而在日益靠近的世界潮流面前步步退却，更加严格地闭关锁国。康熙后期，由于礼仪问题引起清廷和天主教会之间的争论和冲突，雍正初年严禁传教活动，限制传教士来华，又限制中国商民出洋贸易、谋生。当历史提供抉择的重要时刻，中外关系被人为地阻绝，交往萎缩，关系冷却，阻碍了历史逐渐转轨的可能性。

乾隆朝继承了前朝的政策，且限制措施逐渐严格，趋于周密。乾隆初年，对中外贸易的限制尚少，态度比较宽容。康熙时本有四口通商的规定，但几十年间，外国商船绝大多数开赴广州贸易，形成了固定的贸易路线和惯例。乾隆十二年（1747），西班牙商船到福建厦门贸易。当地官吏认为“吕宋（指西班牙）为天主教长，漳泉风俗浇漓。此等夷船终不宜使之源源而来，拟俟夷船回棹之日，善为慰遣，不使复来”。清廷却比较宽容，不同意地方官吏的意见。复示“此等贸易，原系定例准行，今若不令复来，殊非向来通商之意……慰遣之处，可以不必”[①]。可见当时清政府尚属开明，并无限制在一口通商的意向。

不久以后，清廷的政策就发生摇摆，这本书中提到一件值得注意的事实。乾隆二十年（1755），一些原在广州贸易的英国商船不堪广州行商和粤海关官吏的勒索，来到浙江宁波贸易，企图变更贸易路线，另开通商口岸。乾隆皇帝对此很犹豫，一方面他担心外国商人在浙江活动，“浙民习俗易嚣，洋商错处，必政滋事”。另一方面，又无意用强硬手段，禁止贸易。他一度考虑在浙江开辟第二个通商口岸，“今番舶既已来浙，自不必强之回棹。惟多增税额，将来定海一关，即照粤关之例，用内务府司员设立海关，补授宁台道督理关务。约计该商等所获之利，在广在浙，轻重适均，则赴浙赴粤，皆可惟其

① 《清实录》，乾隆十二年十二月丙子，卷305，第13页。

所适”[1]。

一口通商还是多口通商？这是摆在清政府面前的重大选择。如果允许浙江开埠，中英贸易由于更加接近茶、丝产地而获得发展，江浙富庶之区将被带动起来，广州的外贸垄断体制遭遇挑战，浙江和广东在招揽贸易方面将展开竞争，很可能会引起贸易规模和中外交往的迅速变化，产生有利的影响。可惜乾隆在关键时刻，步步倒退，在一口通商和多口通商之间，在更加封闭和稍稍开放之间，选择的是前者。错误的选择，压倒了正确的选择。在这里，偶然性也施加了一定的影响。由于要考虑浙江开埠的利弊，乾隆把原任两广总督杨应琚调任闽浙总督，要他对浙江通商进行调查。中英贸易长期在广州进行，形成了一个包括行商、粤海关监督、广东地方官员吏役在内的庞大的利益集团，他们垄断了对外贸易，得利甚多，不愿使贸易转向浙江。杨应琚已任两广总督三年，正是广州对外贸易利益集团的主要代表。他以粤民生计和两省海防为理由，力陈浙江通商的弊害，“再四筹度，不便听其两省贸易”。乾隆帝接受他的建议，谕令：“粤省地窄人稠，沿海居民，大半借洋船谋生，不独洋行之二十六家而已。且虎门、黄埔，在设有官兵，

①《清实录》，乾隆二十二年八月丁卯，卷544，第23页。

较之宁波之可以扬帆直至者，形势亦异，自以仍令赴粤贸易为正。……明岁赴浙之船，必当严行禁绝。将来只许在广东收泊交易，不得再赴宁波，如或再来，必令原船返棹至广，不准入浙江海口。”[①]这道谕旨加强了闭关措施，形成了今后将近一个世纪内一口通商的不变格局。

自然，一口通商和闭关政策的严格化，不是杨应琚一纸奏文所能决定的，甚至也不是广州利益集团完全能操纵的，它是众多历史合力相互作用的结果。至少乾隆本人和大臣们都具有闭关锁国的倾向，所以很快就接受了杨的意见。闭关政策的形成有其历史的必然性，像中国这样一个长期远离其他文明中心的大国，要进入世界历史潮流，注定是艰难、曲折而漫长的过程，但是肯定历史的必然性并不等于认定人们对历史进程无能为力。历史毕竟是人创造的，历史过程和自然过程的差别就在于人的能动的参与。历史舞台上演出的威武雄壮的戏剧并没有上帝预先写好了的剧本，其中充满着机会、偶然性和多种选择的可能，一切有待于人的设计、开拓、创造，不过人们的思想和行为不可能超越历史条件所许可的范围。乾隆在乾隆二十二年，曾有多口通商的设想，以皇帝的权威，实现宁波开埠是毫

---

①《清实录》，乾隆二十二年十一月戊戌，卷550，第25页。

不困难的。当然，即使宁波开放，以后的中外贸易还会遭到种种困难和挫折，中国的门户也不会完全主动打开，但比之一口通商的僵化模式将更有利于中外的经济、文化交往，更有利于中国的前进。

英国商人不甘心限于一口通商，千方百计希望取消禁令，因此而有乾隆二十四年（1769）英商洪仁辉赴天津呈诉，控告粤海关勒索，要求宁波开埠，结果反而引起清廷的强硬反应，粤海关监督李永标虽受惩处，而乾隆认为“番商立意把持，必欲去粤向浙，情理亦属可恶”[①]，不但不准别口通商，而且将洪仁辉圈禁澳门。朱雍同志在这本书中详细叙述了洪仁辉案件，此事成为清政府强化闭关政策的契机。同年，广东制定《防范外夷规条》，第一次明文规定对来华外商的严格约束，外商在广州只有很小的活动余地。同年，由于丝价上涨，清政府认为这是由于出口太多的缘故，竟禁止输出这一传统的对外贸易商品。这一愚蠢的做法，作茧自缚，反而影响了内地的经济和生计。几年之后，沿海各省纷纷要求弛丝斤出口之禁，恢复了生丝贸易。但在禁运的这段时间内，反而刺激了意大利等地蚕桑丝织业的发展，树立起了丝绸贸易的竞争对手，

①《清实录》，乾隆二十四年七月壬戌，卷592，第21页。

故以后中国的丝绸出口，一直疲软不振。

广州一口通商的体制日益不能适应增长中的中外贸易，清政府闭关措施越来越严格。清政府坚持闭关政策出于什么考虑？不少同志以为，这是为了防御外来侵略，是正当的自卫政策。这一说法难以令人信服。因为，从后果来衡量，闭关政策对外国势力的阻挡是暂时的，中国的门户迟早必须开放，不是主动开放，就是被迫打开。这一政策更重要的作用是束缚了中国人民。按清朝的规定：中国人不得与外国人接触，不得自由出洋，不得长期居留外国。18世纪末，尽管中外贸易发展到了相当的规模，但中国人接触外国的渠道十分狭窄，对世界状况、西方科学文明毫无所知，整个社会如一潭死水，停滞凝止，没有进步。一旦中外矛盾激化，外国资本主义武装入侵，中国失去了防卫和应变的能力。闭关政策对中国的损害远远大于对外国造成的不便。

环观18世纪的国内外环境，应该说：这是中国主动开放门户，加强与西方交流，提前实现历史转轨的有利时机。可惜中国内部尚未形成革新的力量和机制，致使机会白白地丧失。18世纪的清政府处在鼎盛阶段，财富充足，国力强盛，大批传教士的东来和中外贸易的发展造成了中外交往前所未有的规模。17世纪，荷兰曾侵占台湾，沙俄曾侵占黑龙江，严重侵犯了我国主权，在中国的坚决反击下，外国的武装侵略均告失败。18世纪的中英关系基本上是和平的商业关系，没有重大的军事对抗，不构成对中国领土、主权的威胁，这种交往对中国利多于弊。如果中外的经济和文化交流得以加速，使中国更早、更多地接触西方文明，将有利于中国的进步和改革。当时的实际情况是：世界上还没有任何国家能远征中国，对中国造成严重的军事威胁。对外国势力一定程度的警惕和防范是应该的，但并无深闭固拒的必要。清朝统治者所以要执行严格的闭关政策，并非担心外国立即有军事入侵的可能，而主要是针对国内的骚动和反抗，它害怕中国人民和外国人频繁接触，不是带来中外之间无休止的纠纷，就是中外结合，增强反对清朝统治的情绪和力量。马克思正确地指出“推动这个新的王朝实行这种政策（指清朝的闭关政策）的更主要的原因，是它害怕外国人会支持很多的中国人在17世纪的大约前早个世纪里即在中国被鞑靼人（指满族）征服以后所怀抱的不满情绪。由于这种原因，外国人才被禁止同中国人有任何来往”[①]。当时来华的马戛尔尼也说：“吾实来见中国禁止外人在北方各埠贸易之规定明文，其所云云，不过华人欲掩其真正动机而不欲宣诸口者。彼等以为苟不如此，则恐外人之交际频繁，有碍于安

①《马克思恩格斯全集》第九卷，第115页。

谧，而各界人等之服从上命，以维持皇威于不坠，乃中国政府唯一不易之格言。”①

正是由于这个原因，闭关政策的渐趋严格和乾隆中叶以后国内阶级斗争的日益尖锐有关。虽然外国人和抗清起义其实没有多少关系，但清政府总是疑神疑鬼，认为“外夷奸棍，潜入内地，诳诱愚民、恣行不法”。乾隆十八年发生了安徽的马朝柱聚众谋反案，其实马朝柱和外国人毫无关系，马却借用了“西洋寨”的名目，引起清廷对天主教的更加警惕，对传教的禁令更加严密。凡是和外国人有来往的中国人均被视为奸徒，长期居留外国的华侨，携资回国，财产抄没，人被充军。洪仁辉案件中，原告英国人洪仁辉和被告粤海关监督李永标处以圈禁和遣戍，而代英国人书写状词的四川人刘亚匾被处死刑。统治者害怕人民和外国人交往，故而科罪最重。乾隆四十九年（1784），甘肃回民田五起义，当时刚好查获有4名外国传教士潜入陕西传教，乾隆神经紧张地认为“西洋人与回人向属一教，恐其得有逆回滋事之信，故遣人赴陕，潜通消息，亦未可定”②，谕令地方官吏留心稽查

① 转引自《中外关系史译丛》，第216页。

②《清实录》乾隆四十九年八月癸卯，卷1213，第11页。

防范。18世纪后期，国内阶级矛盾愈益激化，清廷防范中外交往愈益严密，闭关的政策愈益严格。乾隆五十二年，皇帝写了这样一首诗："间年外域有人来，宁可求全关不开。人事天时诚极盛，盈虚默念惧增哉。"[①]在他看来，目前国力虽盛，以后将有盈虚损益，对外交往将会带来危险，给国内统治增加不安定因素，宁可闭关不开，排拒外来势力。

当然，这是乾隆一厢情愿的打算。历史在无情地走自己的路，中英贸易日益发展，交往更频繁，矛盾更尖锐。是顺应时势，采取主动，稍稍开放，给中国打开一个通向外部世界的窗口；还是顽固不变，严密封锁，拒绝交往，直到大门被侵略者的炮火所轰塌。历史摆在乾隆帝面前的就是这样的选择。可惜乾隆和他的大臣们封建观念根深蒂固，对方兴未艾的抗清起义十分恐惧，对外来势力极为鄙视，深怀戒心，选择了错误的方针，不愿开放中国的门户，一次又一次失去了调整对外关系的机会。

可以影响历史进程的最重要的机会就是乾隆五十八年（1793）英国马戛尔尼使团来到中国，觐见乾隆，这是中英之间最重要的一次早期交往。朱雍同志以极大精力贯注于这一

①《乾隆御制诗》五集卷二十八，丁未二《上元灯词》。

事件，因为这是促使历史实现转轨的关键时刻，清政府仍然顽固地拒绝主动进入世界历史的潮流。本书对马戛尔尼使团的组成、使命、出发、航程，清政府的对策、接待、觐见、交涉以及使团的返回英国，做了极为详尽、细致的研究，把二百年前使团活动的历史场景再现在读者面前。使我们确实看到这一使团在中外早期交涉史上的重要性，体会到由于谈判中止而给中国留下的不良影响。当年英国政府迫切希望和中国建立正常关系，其态度是积极而郑重的，派出了耗费巨大、人员众多的外交使团，其正式成员以及士兵、水手、工役达七百余人，分乘5艘船只，经过10个月的航行，才到达大沽口外。由于英国使团以补祝乾隆帝八十大寿为名，所以清政府最初的反应也是良好的，命令沿海各省做好接待工作，破例允许使团从天津进口。为了能在热河避暑山庄接见英国使团，乾隆取消了每年例行的围猎，对使团的食物免费供应，十分丰盛，并预先规定使团回国时将赏给可供1年食用的粮食。一个英国使团的成员写道："在伙食的供应上，我们迄今是很少理由可以提出异议的。关于这一方面，我们所受的待遇不仅是优渥的，而且是慷慨到极点。"①

① 安德逊：《英使访华录》，第126页。

这一切并不预示中英谈判将会顺利进行。由于两国文化背景和政治观念迥异，对这次正式的外交接触的理解也不同。中国方面认为，马戛尔尼使团来华只是单纯的祝寿、观光，仰慕中华的声教文明；而英国的目标是希望与清政府谈判，改变现行的贸易体制，扩大通商，建立经常的外交联系。

中英外交接触一开始就碰到了无法解决的难题，即是觐见皇帝的礼仪。清朝自视为“天朝上国”，其他外国都是蛮夷之邦，它把广阔的世界纳入一个以自我为中心，按照封建等级、名分构成的朝贡体系之中。英国也好，俄国也好，都和清朝周边的藩属国家、弱小民族一样，都应匍匐在自己的脚下，除了朝贡关系以外，它不知道国际之间还存在什么别的关系。因此，英国使臣觐见皇帝自然要行三跪九叩首之礼，这对欧洲国家来说，被认为是屈辱，决不能接受。中英双方都认为这一问题涉及国家的尊严和威信，难以找到妥协的办法。早在顺治时俄国巴伊科夫使团、康熙时俄国尼果赖使团到北京，就发生过类似的争执。英国马戛尔尼使团再一次遇到了这个解不开的死结。这表明了在长期与世隔绝状态中形成的中国封建政治、文化制度和观念形态，与世界各国存在着极大的鸿沟，中国要进入世界，和其他国家开展正常的交流，需要经历长期的、艰难的适应过程。

由于礼仪的争论，乾隆帝极为不快，接待的规格立即改变。谕旨中说：“似此妄自骄矜，朕意甚为不惬，已全减其供给。所有格外赏赐，此间不复颁给。……外夷入觐，如果诚心恭顺，必加以恩待，用示怀柔。若稍涉骄矜，则是伊无福承受恩典，亦即减其接待之礼，以示体制，此驾驭外藩之道宜然。”①

马戛尔尼以后觐见乾隆，究竟怎样行礼，不但当时争论激烈，直到今天，因双方记载互异，也真相难明。据英国的记载，使团按照觐见英王的礼仪，单膝跪地，未曾磕头。而和珅的奏折中说：“臣和珅带领英吉利国正副使臣等恭递表文……即令该贡使等向上行三跪九叩头礼毕。”②在今天看来，礼仪问题属于形式，当时却成了中外交涉中难以逾越的障碍。从此清政府对马戛尔尼使团的关系从相当高的热度，一降而达到到冰点。

正像这本著作中所指出：一些偶然的因素也影响中英关系的改善。譬如清廷命钦天监监副葡萄牙传教士索德超协助接待和翻译，由于彼此矛盾，索德超对英国使团抱敌对态度，不会

①《掌故丛编》第七辑，乾隆五十八年八月初六日上谕。

②《乾隆五十八年英吉利入贡始末》。

替英国说好话，交涉中根本没有进行解释和斡旋的人员；又如乾隆皇帝年过八十，精力已衰，而负责接待的和珅贪婪成性，没有得到足够的礼品，对使团缺乏兴趣和热情。还有一点也不是不重要的，即乾隆皇帝个人的性格和爱好，影响他对西方的认识。乾隆本人才华出众，文武兼通，有多方面的兴趣和才能，但对自然科学一窍不通。他处处模仿祖父康熙，在这一点上却和康熙很不相同。乾隆曾写诗自嘲："皇祖精明勾股弦，惜吾未习值髫年。而今老固难为学，自画追思每愧旃。"[1]马戛尔尼使团为了要吸引和打动中国皇帝和官员们，精心挑选和制造了足以显示英国科学水平和工业实力的许多礼品，包括天文地理仪器、机械、枪炮、车辆、船只模型、图册、呢绒毡毯、乐器等等，分装六百箱，携来中国。可惜坐在皇位上的是对科学毫无兴趣的乾隆而不是康熙，他并不重视这些礼物，并且认为：外国能造的，中国自己也能制造。他说："此次使臣称该国通晓天文者多年推想所成测量天文地图形象之器。其至大者名'布腊尼大利翁'一座，效法天地转运，测量日月星辰度数，在西洋为上等器物。要亦不过张大其词而已，现今内府所制仪器，精巧高大者，尽有此类。其所称奇异之物，只觉视

①《乾隆御制诗》四集，卷九十三，癸卯一，《题宋版周髀算经》。

等平常耳。”[1]无知和自大，闭塞了他的耳目，对新事物无动于衷，一切视为夸大和平常。那些光学和数学仪器很快被废弃，从圆明园中搬走；灵巧的车辆和逼真的船只模型没有全部装配完毕；使团特别带来了技术人员，可清朝官吏不感兴趣，并不打听各种机械的用途和使用方法；乾隆皇帝虽然亲自观看了大炮的试放，惊讶其威力，但却认为“这种杀伤力和仁慈的原则不能调和”[2]。总之，西方先进的仪器物件无助于麻木的清政府激发兴趣，引起警觉，开拓视界。

英国使团于1793年9月26日回到北京，清政府认为祝寿完毕，使团的使命已完成，而马戛尔尼则认为事情还没有开始，急切地要求和等待谈判。他向清政府提出了六项要求。

一、请中国允许英国商船在珠（舟）山、宁波、天津等处登岸，经营商业。

二、请中国按照从前俄罗斯商人在中国通商之例，允许英国商人在北京设一洋行，买卖货物。

三、请于珠（舟）山附近划一未经设防之小岛，归英国商人使用，以便英国商船到彼即得收歇，存放一切货物，且可居

①《乾隆御制诗》五集，卷八十四，癸卯八，《红毛英吉利国王差使臣马戛尔尼奉表贡至，诗以志事》夹注。

② 安德逊：《英使访华录》，第153页。

住商人。

四、请于广州附近得一同样之权利，且听英国人自由来往，不加禁止。

五、凡英国商货，自澳门运往广州者，请优待免税或减税。

六、英国船货按照中国所定之税率交税，不额外加征，请将所定税率公布，以便遵行。

资本主义正在迅速发展的英国，急于对外扩张，寻找农副业产品供应地和商品市场。它的要求自然带有侵略性，如割取中国的岛屿等，清政府决不会接受这种要求。制度不同的中英政府都会采取措施，维护自己的利益和主张。但当时中英矛盾并未上升到使用暴力，彼此还不具备把自己的意志强加于对方的实力，两国之间的问题可以也只能通过谈判寻求解决。对问题视而不见，置之不理，避免外交接触，拒绝对方的全部要求，肯定不是明智的做法。英国的六项要求中，有不少属于改善正常贸易的，不仅从今天看来应予考虑，即使当时的清政府也并不认为绝对不能接受。例如，宁波通商的要求，乾隆帝在30多年前就加以考虑并一度准备接受；又如允许外商到北京贸易，则早在康熙时就曾将此项权利给予俄国商队；改进广州纳税体制是乾隆自己说过的，又为以后两广总督长麟所承诺。英国的六项要求应予区别对待，有的可以接受，有的应当拒绝，有的经过谈判，加以修政。即使清政府拒绝英国的大部分要求，只要外交谈判继续下去，可以增进相互了解，缓和矛盾冲突，对中国有利而无损。中国和英国在谈判中的地位是对等和平等的，英国当时并无远征中国的可能，只能用谈判手段扩大其贸易，因此它的要求不能不是灵活而富于弹性的，并设想了自己的要求被拒绝之后让步和替代的办法。本书作者指出：为了谈判成功，英国努力博得清政府的好感。英国国务大臣邓达斯给马戛尔尼的指示中说：为了避免中国的误会，要使中国人知道英国使团的主要目标是向皇帝祝寿，广州贸易虽然存在弊端，但不要在微小的弊端方面提出抗议，不要在这些问题上触犯中国人。问题在于处在封闭和自给自足状态中的清政府，对外部世界既无需求，又不了解，它没有近代国际交往的经验，也不感到有建立经常的外交关系的必要。再加上礼仪争执所引起的不快，把英国六项要求一律斥之为“非分干求”，呯然关闭了谈判的大门。

乾隆帝于9月30日回銮，立即下令马戛尔尼使团应于10月7日离京回国。英使要求进行谈判，留住过元旦以后，清政府断然拒绝。没有经过任何谈判，英国使团几乎等于被强行驱逐，只收到清廷一封词语强硬、全盘拒绝英国要求的敕书。

历史的经验证明：像中英这样两个遥远、隔离、互相生疏的主权大国，一下子不可能就重要的政治和经济问题达成协议，甚至对话也难于开始。只有逐步加强接触，增进了解，才能进行有效的外交谈判。在当时最需要，也是较现实的是维持相互联系，通过积累，创造有利的谈判环境，而不是达到什么外交成果。如果说，18世纪中英之间的平等交往尚有可能，那末，到19世纪中叶，机会已逝，两国以兵戎相见，英国把条约枷锁强加于中国，只有城下之盟，再也谈不上对等和平等的谈判了。

我们可以看到马戛尔尼使团在归途中和中国陪送大臣短期接触、对话，相互关系取得某些改善，但毕竟时间短促，不能产生明显的效果。使团从北京至浙江，由军机大臣松筠陪送，共一个月零两天；从浙江至广州，由新任两广总督长麟陪送，共一个月零八天。他们两人在沿途和马戛尔尼多次长谈，内容广泛，涉及外国的政治、贸易、外交制度，中国的法律、习俗，中英关系中的纠纷和贸易、税务弊端等等。松筠和长麟都是清政府中开明而能干的官员，他们在短期接触中对外部世界和中英贸易开始有所了解。他们的意见禀告清廷，可能影响了皇帝，乾隆的态度有所缓和，给英王写了第三道语气较为温和的敕书，并允许英国使团隔年再来。马戛尔尼在与松筠、长麟接触之后，沮丧的情绪有所改变。“在北京时候，他确实对中国政府的态度有所怀疑，但后来松大人在赴杭州的路上以及总督自己（指长麟）向他做了解释并传达了皇帝陛下的真实心情，他已经感到放心，相信英国在华臣民的利益将得到应有的尊重和保证。”①

我们重温这段历史，看到了200年前在我们国家面前曾经出现的机会以及机会如何失去。一方面历史有其必然性，古老的中国在面临历史转轨的时刻显示其内部结构的牢固顽强，反映在人们的观念和行动上对于外来挑战和实行变革毫无认识，缺乏准备，难以适应，不愿打开中国的大门。另一方面也表现了各种人物和势力的影响，各种偶然性对历史进程的作用，特别是作为最高统治者的乾隆帝在关键时刻的短见和失误。历史规律体现了人与环境的相互作用，人们的思想和行为受环境的制约，乾隆的政策正是封建小农社会的产物。但历史又是人创造的，人具有改造环境、影响历史进程的能力。英明的领导者善于体察形势，顺应潮流，判断利害得失。他们应该看到平常人所不易看到的、眼前利害之外的事情，想到那些过后看来一清二楚的道理。他们像翱翔天际的雄鹰能够眺望地平线以外正在

---

① 斯当东：《英使谒见乾隆纪实》，第469页。

迫近的对手，并且有意志和力量推动和带领他的国家准备应付未来的挑战。乾隆帝国内的政策和治绩相当成功，经济和政治力量臻于极盛。但是，他的对外政策是失败的，他没有觉察到盛世中隐伏的危机，没有意识到外部世界的广阔性和先进性。自我封闭，虚骄自大，故步自封，陶醉于天朝上国的迷梦中，拒绝和外国建立正常的外交和贸易关系，堵塞了交流的渠道，失去了借鉴和学习外部世界的机会，延误了社会的发展，增加了中国发展前途上的困难，这就是我们研究乾隆朝对外关系得出的主要结论。

（《当代名家学术思想文库·戴逸卷》）

历史学要走出书斋

——《历史的顿挫》台湾版序言

我津津有味地读完了《历史的顿挫》两卷本，其中包含着一系列历史上相继发生但并非连接的故事，犹如观赏了一出又一出的独幕剧。五光十色的事件，曲折具体的细节，悲欢离合的感情，叱咤风云的人物，在历史舞台上表演得有声有色，淋漓尽致，使人愤悱感慨，徘徊叹息。两千多年的历史，从眼底匆匆而过，留下了悲剧性的韵味和哲理式的反思。书中描写的事件和人物虽是熟知的，但作者努力以新的思路、新的视角、新的表现方式，形象而生动地再现一幕又一幕的历史，使用自己的语言，讲出自己的感受，融历史、哲理、文学于一炉，给人以面貌一新之感。

中国自古以来，文史哲不分家。历史学家应该具备哲学家的头脑和文学家的气质。人们学习历史，最重要的是增进智慧，吸取历史的经验教训，这就需要有像哲学家那样深邃敏锐的思辨能力，才能从重重的迷雾中认清历史的真谛。而历史作品又应该是生动丰富、引人入胜、百读不厌，如同才华横溢的文学作品一样。历史学家通过客观历史过程的精心描述去启迪人们思考，激发人们热情，使人赏心悦目，给人以真善美的享受。历史的陈述既是真实的，即忠于客观事实，又是思辨的，即富于哲理性探讨，还应该是艺术的，能给人以美的享受。

《历史的顿挫》是沿着这一方向所进行的成功的尝试。书中的每一主题，前人都谈过了无数次，但读起来仍新鲜有趣而发人深思。因为作者对各个历史问题各有独立的见解，并非因袭旧说，同时，在内容、体裁、结构、标题、行文等方面，力求推陈出新，注意了曲折过程的描绘，具体情节的摹写，人物心态的刻画，避免了史料堆砌和空洞说教。这本书初版受到读者的热烈欢迎，并不是偶然的，而是编著者们艰苦钻研、刻意创新的结果。

目前书市上的历史著作，艰涩枯燥者多，一般读者望而生畏。当然有些专业性强的历史作品，读者是不会很多的，我们仍然需要这类作品，因为这对学术的发展是必需的，不可缺少的。但历史书籍总不能变成只是同行专家之间交流对话的工具。历史科学走出书斋，深入民间，成为普通老百姓的精神食粮，就需要有一大批观点正确、材料丰富、思想健康、形式生动、文字流畅的作品，就需要新一代的历史学家们，运用其智慧和才华发挥创造力，把科学性和可读性紧密地结合起来。我预祝中国历史科学的盛大花圃中出现更多这类优秀之作，这是广大读者十分需要和十分欢迎的。

（1990年10月为台湾云龙出版社出版《历史的顿挫》所作序言）

“近代文史名著选译丛书”序言

从1840年鸦片战争到1919年五四运动的旧民主主义革命时期，通常称作“近代”。祖国的这段历史既坎坷、崎岖，又光辉、悲壮。说它坎坷、崎岖，因为自从外国资本主义打开中国的大门之后，中国不断受侵略，被欺凌，割地赔款，丧权辱国，国家濒于豆剖瓜分的灭亡危机，中国社会贫穷、落后、黑暗、腐败，人民群众遭受深重的苦难，这是一段伤心、屈辱的历史。说它光辉、悲壮，因为哪里有压迫，哪里就有反抗。在帝国主义侵略下，中国人民逐渐觉醒，起而抗争，投身战斗，探索救国救民的真理，爱国主义精神高度发扬，许多志士仁人为祖国的独立、民族的复兴贡献了自己的生命，在近代历史上谱写了一曲又一曲英勇慷慨、气壮山河的乐章。

八十年，在历史长河中只是很短暂的一段，但中国近代的八十年却丰富、曲折得多。它的蕴涵，它的光彩，它的意义，比得过任何历史时代，比得过国破家亡的乱世凄凉，也比得过威烈壮丽的盛世辉煌。

文学是时代的心声，时代决定了文学的内容、形式和意义。中国近代文学的突出特点就是爱国主义的昂扬，成为时代的主旋律，正气磅礴，充塞表里。你在阅读这套丛书时，必能感受到作者的忧患之感、经世之志、愤悱之情。正是这种爱国精神使中华民族得以支撑过艰难岁月，迎来了新生。对于今天的青年人来说已得不到一百年前那种国步日艰、风雨如磐的切身感受。但读读这些文章诗词也可以体会到我们先辈面对的巨大灾难，体会到他们的思想感情与希望追求。一部中国近代史可以描绘出八十年中国的大概历程，而阅读这些名人名家撰写的名著名篇还可以带引你进入那个刚刚逝去的时代，聆听他们的心声，体察他们的喜怒哀乐与所思所求，更深刻地认知我们国家和民族走过的这段路程。

诚然，由于本套丛书所选文章的作者们的阶级地位、生活经历、个人性格、艺术修养不尽相同，他们的作品也必然会深深地打上时代和阶级的烙印。比如像曾国藩、李鸿章、左宗棠、胡林翼、彭玉麟等所谓“中兴名臣”，就是为维护清朝封建统治，在镇压农民起义的过程中步入他们事业巅峰期的。而在抵御外来侵略中，除左宗棠、彭玉麟等少数人尚能“锋颖凛凛”向敌外，往往奉行“曲全邻好”的妥协政策。译注者们在选文时充分注意到了这一点，因而着眼于挖掘他们诗文中的积极因素，对其负面影响相信读者会自己去鉴别的。

近代的文章当然是从古代文章演变来的，但其体裁之多样、风格之变异、描摹之宽广、情感之激越，已非古代文章所能比拟。中国近代，反帝反封建的浪潮奔腾澎湃；中西文化，冲突交融，百川汇海，恣肆汪洋，变化万状，蔚为大观；传统的价值观、历史观、审美观都在嬗变；这样一个新旧交替、承前启后的时代，必定勇于创新、富于创新。从当时的文章诗词中显示了时代的精神、时代的闪光。我们既看到了对蕴蓄丰厚的传统文化的继承，又看到了对现代文化新领域、新路径的开辟。名家辈出，百舸争流，风格各异，精彩纷呈。龚自珍的瑰丽、魏源的务实、章太炎的古奥、林则徐的赤忱、孙中山的宏伟、康有为的骛远、梁启超的清隽、谭嗣同的犀利、秋瑾的激昂、严复的卓远以及曾国藩的通博、左宗棠的雄浑、胡林翼的笃沉。八十年短短的历史画廊中挤立着如许众多的人物，我们聆听其心声，目窥其手裁，品评其论说。如闻其声，如见其形。至于这套丛书中的实业文、法制文、报刊文、外交使节文、海军海防文都已超轶了中国古代文体的范围，是中国文学史上的新事物，而游记、笔记、序跋、日记之类的古老文体，也注入了新内容，充满了爱国忧时、经世致用的光彩。我相信，近代的文史名著是可以传之后世的精神财富，是我们建设社会主义新文化必须继承的取之不尽的宝藏。

编译“近代文史名著选译丛书”，我们希望能比较全面地展示一百多年前的文史优秀成果。由于作品众多、内容丰富、体裁多样，选文难度较大。我们从不同的视角进行了选编，既从著名人物入手，如选编了康有为、梁启超的诗文，孙中山的文章；或者几人合编一册，如严复、林纾合编，黄兴、宋教仁、朱执信合编，龚自珍、魏源合编，黄遵宪、丘逢甲合编；也有以人物群体合编，如戊戌六君子、辛亥烈士、晚清词人等；又有以事件为中心，把反映近代史上某个重大事件的诗文汇集在一起，如鸦片战争、太平天国、中法和中日战争等等；还有以文章的体裁、流派、类别汇编成册，如笔记文、游记文、序跋文、报刊文、桐城文等等。我们的想法是尽量搜集近代八十年优秀的代表作，反映这个时代文学的丰富多样。但这样选录，内容较为庞杂，各种文章不免发生交错，因此我们基本上按照作者的年代、写作时间排列，力求避免重复选录。

编译过程中，我感到欣慰的是组织了一个团结和睦、认真负责，又具有权威性的编委会。这个编委会集中了十几位在京的著名文史专家，同时还包括巴蜀书社四位经验丰富的高级编审人员，可谓是群贤毕聚、人才荟萃。编委们不仅学识渊博，而且责任心强，工作十分努力，对编辑这套丛书采取了非常严肃的态度。我们在选题确定后，约请了京内外数十位研究有素的作者编选、注释，并译成白话，译注者们兢兢业业，数易其稿，付出了艰辛劳动。

每部初稿完成后都要经过几位编委认真审读再经全体讨论，确定采录与否，并提出修改意见，真是一典之原，反复查核，一名之立，旬日踟蹰，个中甘苦，唯亲历者知之。然后又经过巴蜀书社编辑先生们的字斟句酌，反复推敲，才奉献于读者面前。编选和翻译古籍是一项艰难繁重的工作，这部丛书必定还会有缺点和错误，但我与编委们共同工作了一段时间，为他们认真负责的精神所感动，也从他们那里学习到了许多新知识。

（《皓首学术随笔·戴逸卷》）

《国家清史编纂委员会·文献丛刊》总序

二〇〇二年八月，国家批准建议纂修清史之报告，十一月成立由十四部委组成之领导小组，十二月十二日成立清史编纂委员会，清史编纂工程于焉肇始。

清史之编纂酝酿已久，清亡以后，北洋政府曾聘专家编写《清史稿》，历时十四年成书。识者议其评判不公，记载多误，难成信史，久欲重撰新史，以世事多乱不果。中华人民共和国成立后，中央领导亦多次推动修清史之事，皆因故中辍。新世纪之始，国家安定，经济发展，建设成绩辉煌，而清史研究亦有重大进步，学界又倡修史之议，国家采纳众见，决定启动此新世纪标志性文化工程。

清代为我国最后之封建王朝，统治中国二百六十八年之久，距今未远。清代众多之历史和社会问题与今日息息相关。欲知今日中国国情，必当追溯清代之历史，故而编纂一部详细、可信、公允之清代历史实属切要之举。

编史要务，首在采集史料，广搜确证，以为依据。必借此史料，乃能窥见历史陈迹。故史料为历史研究之基础，研究者必须积累大量史料，勤于梳理，善于分析，去粗取精，去伪存真，由此及彼，由表及里，进行科学之抽象，上升为理性之认识，才能洞察过去，认识历史规律。史料之于历史研究，犹如水之于鱼，空气之于鸟，水涸则鱼逝，气盈则鸟飞。历史科学之辉煌殿堂必须岿然耸立于丰富、确凿、可靠之史料基础上，不能构建于虚无缥缈之中。吾侪于编史之始，即整理、出版《文献丛刊》《档案丛刊》，二者广收各种史料，均为清史编纂工程之重要组成部分，一以供修撰清史之用，提高著作质量，二为抢救、保护、开发清代之文化资源，继承和弘扬历史文化遗产。

清代之史料，具有自身之特点，可以概括为多、乱、散、新四字。

一曰多。我国素称诗书礼仪之邦，存世典籍汗牛充栋，尤以清代为盛。盖清代统治较久，文化发达，学士才人，比肩相望，传世之经籍史乘、诸子百家、文字声韵、目录金石、书画艺术、诗文小说，远轶前朝，积贮文献之多，如恒河沙数，不可胜计。昔梁元帝聚书十四万卷于江陵，西魏军攻掠，悉燔于火，人谓丧失天下典籍之半数，是五世纪时中国书籍总数尚不甚多。宋代印刷术推广，载籍日众，至清代而浩如烟海，难窥其涯涘矣。《清史稿·艺文志》著录清代书籍九千六百三十三种，人议其疏漏太多。武作成作《清史稿·艺文志补编》，增补书一万零四百三十八种，超过原志著录之数。彭国栋亦重修《清史稿·艺文志》，著录书一万八千零五十九种。近年王绍曾更求详备，致力十余年，遍览群籍，手抄目验，成《〈清史稿·艺文志〉拾遗》，增补书至五万四千八百八十种，超过原志五倍半，此尚非清代存留书之全豹。王绍曾先生言："余等未见书目尚多，即已见之目，因工作粗疏，未尽钩稽而失之眉睫者，所在多有。"清代书籍总数若干，至今尚未能确知。

清代不仅书籍浩繁，尚有大量政府档案留存于世。中国历朝历代档案已丧失殆尽（除近代考古发掘所得甲骨、简牍外），而清朝中枢机关（内阁、军机处）档案，秘藏内廷，尚称完整。加上地方存留之档案，多达二千万件。档案为历史事件发生过程中形成之文件，出之于当事人亲身经历和直接记录，具有较高之真实性、可靠性。大量档案之留存极大地改善了研究条件，俾历史学家得以运用第一手资料追踪往事，了解历史真相。

二曰乱。清代以前之典籍，经历代学者整理、研究，对其数量、类别、版本、流传、收藏、真伪及价值已有大致了解。

清代编纂《四库全书》，大规模清理、甄别存世之古籍。因政治原因，查禁、篡改、销毁所谓“悖逆”“违碍”书籍，造成文化之浩劫。但此时经师大儒，联袂人馆，勤力校理，尽瘁编务。政府亦投入巨资以修明文治，故所获成果甚丰。对收录之三千多种书籍和未收之六千多种存目书撰写详明精切之提要，撮其内容要旨，述其体例篇章，论其学术是非，叙其版本源流，编成二百卷《四库全书总目》，洵为读书之典要、后学之津梁。乾隆以后，至于清末，文字之狱渐戢，印刷之术益精，故而人竞著述，家娴诗文，各握灵蛇之珠，众怀昆冈之壁，千舸齐发，万木争荣，学风大盛，典籍之积累远迈从前。惟晚清以来，外强侵凌，干戈四起，国家多难，人民离散，未能投入力量对大量新出之典籍再作整理，而政府档案，深藏中秘，更无由一见。故不仅不知存世清代文献档案之总数，即书籍分类如何变通、版本庋藏应否标明，加以部居舛误，界划难清，亥豕鲁鱼，订正未遑。大量稿本、钞本、孤本、珍本，土埋尘封，行将澌灭。殿刻本、局刊本、精校本与坊间劣本混淆杂陈。我国自有典籍以来，其繁杂混乱未有甚于清代典籍者矣！

三曰散。清代文献、档案，非常分散，分别庋藏于中央与地方各个图书馆、档案馆、博物馆、教学研究机构与私人手中。即以清代中央一级之档案言，除中国第一历史档案馆所藏一千万件以外，尚有一大部分档案在战争时期流离播迁，现存于台湾故宫博物院。此外，尚有藏于辽宁省档案馆之圣训、玉牒、满文老档、黑图档等，藏于大连市档案馆之内务府档案，藏于江苏泰州市博物馆之题本、奏折、录副奏折。至于清代各地方政府之档案文书，损毁极大，但尚有劫后残余，璞玉浑金，含章蕴秀，数量颇丰，价值亦高。如河北获鹿县档案、吉林省边务档案、黑龙江将军衙门档案、河南巡抚藩司衙门档案、湖南安化县永历帝与吴三桂档案、四川巴县与南部县档案、浙江安徽江西等省之鱼鳞册、徽州契约文书、内蒙古各盟旗蒙文档案、广东粤海关档案、云南省彝文傣文档案、西藏噶厦政府藏文档案等分别藏于全国各省、市、自治区，甚至清代两广总督衙门档案（亦称《叶名琛档案》），英法联军时遭抢掠西运，今藏于英国伦敦。

清代流传下之稿本、钞本，数量丰富，因其从未刻印，弥足珍贵，如曾国藩、李鸿章、翁同龢、盛宣怀、张謇、赵凤昌之家藏资料。至于清代之诗文集、尺牍、家谱、日记、笔记、方志、碑刻等品类繁多，数量浩瀚，北京、上海、南京、广州、天津、武汉及各大学图书馆中，均有不少贮存。丰城之剑气腾霄，合浦之珠光射日，寻访必有所获。最近，余有江南之行，在苏州、常熟两地图书馆、博物馆中，得见所存稿本、钞本之目录，即有数百种之多。

某些书籍，在中国大陆已甚稀少，在海外各国反能见到，如太平天国之文书。当年在太平军区域内，为通行之书籍，太平天国失败后，悉遭清政府查禁焚毁，现在中国，已难见到，而在海外，由于各国外交官、传教士、商人竞相搜求，携赴海外，故今日在外国图书馆中保存之太平天国文书较多。二十世纪内，向达、萧一山、王重民、王庆成诸先生曾在世界各地寻觅太平天国文献，收获甚丰。

四曰新。清代为传统社会向近代社会之过渡阶段，处于中西文化冲突与交融之中，产生一大批内容新颖、形式多样之文化典籍。清朝初年，西方耶稣会传教士来华，携来自然科学、艺术和西方宗教知识。乾隆时编《四库全书》，曾收录欧几里得《几何原本》、利玛窦《乾坤体仪》、熊三拔《泰西水法》《简平仪说》等书。迄至晚清，中国力图自强，学习西方，翻译各类西方著作，如上海墨海书馆、江南制造局译书馆所译声光化电之书，后严复所译《天演论》《原富》《法意》等名著，林纾所译《茶花女遗事》《黑奴吁天录》等文艺小说。中学西学，磨荡激励，旧学新学，斗妍争胜，知识剧增，推陈出新，晚清典籍多别开生面、石破天惊之论，数千年来所未见，饱学宿儒所不知。突破中国传统之知识框架，书籍之内容、形式，超经史子集之范围，越子曰诗云之牢笼，发生前所未有之革命性变化，出现众多新类目、新体例、新内容。

清朝实现国家之大统一，组成中国之多民族大家庭，出现以满文、蒙古文、藏文、维吾尔文、傣文、彝文书写之文书，构成为清代文献之组成部分，使得清代文献、档案更加丰富，更加充实，更加绚丽多彩。

清代之文献、档案为我国珍贵之历史文化遗产，其数量之庞大、品类之多样、涵盖之宽广、内容之丰富在全世界之文献、档案宝库中实属罕见。正因其具有多、乱、散、新之特点，故必须投入巨大之人力、财力进行搜集、整理、出版。吾侪因编纂清史之需，贾其余力，整理出版其中一小部分；且欲安装网络，设数据库，运用现代科技手段，进行贮存、检索，以利研究工作。惟清代典籍浩瀚，吾侪汲深绠短，蚁衔蚊负，力薄难任，望洋兴叹，未能做更大规模之工作。观历代文献档案，频遭浩劫，水火兵虫，纷至沓来，古代典籍，百不存五，可为浩叹。切望后来之政府学人重视保护文献档案之工程，投入力量，持续努力，再接再厉，使卷帙长存，瑰宝永驻，中华民族数千年之文献档案得以流传永远，沾溉将来，是所愿也。

2004年

（《涓水集》）

弹指兴亡三百载　都在诗文吟唱中

——清代诗文简论

《清代诗文集汇编》浩瀚广博，收四千余家，录诗文不下五百万首，鸿篇巨制，洋洋大观。诗与文是我国悠久的文学体裁，唐宋最盛。而《全唐诗》仅四万首，清代诗文之多远迈唐宋，其艺术水平亦高超卓绝，可与唐宋相比肩。

文士诗人即事撰文，即情吟诗，所作皆当时当地的所见、所闻、所知，真实可信。其中有军国大计、朝政庙谟，亦有战乱灾祲、民间疾苦，作者据实而书，感叹沧桑，价值很高，可据以编史著作，亦可暇日吟诵，以广见闻，这是一笔丰富而珍贵的文化遗产，但清朝灭亡之后，战乱频仍，还没有来得及收集和整理。此后，虽有些整理出版，然数量有限，致使这笔浩博的文化遗产散落各地，未为人知。这次收集、整理、出版数量达八百册之多，在我国出版历史上还是第一次。

要了解近三百年的清代诗文的全貌和特点，需要写一部厚重的《清代文学史》，这里只能作极简要之介绍，说其内容梗概，写其发展趋势，挂一漏万，势所难免。

清初是一个天崩地裂的乱离之世，干戈扰攘，中原板荡，清兴明亡，满汉矛盾成为社会的主要矛盾，汉族知识分子的心态也围绕着这一主轴而与时俱变，当时文坛上充斥着明遗民的诗文，痛家国之沦亡，斥清兵之凶残，思明亡之教训。其代表作家有清初三大儒、岭南三大家、江左三大家等。清初三大儒是黄宗羲、顾炎武、王夫之。黄宗羲以深沉的思考写出了《明夷待访录》《南雷文定》等精彩篇章，突破了君臣之间的纲常伦理，宣称“为天下之大害者，君而已矣”！顾炎武写《日知录》《天下郡国利病书》，针对明末贫富不均、土地兼并，主张“均田”“均赋”。王夫之在《思问录》《周易外传》中提出唯物主义以及变化、矛盾的哲学观点。他们在诗歌方面贡献亦多，如顾炎武的“感慨河山追失计，艰难戎马发深情”（《海上》），黄宗羲的“顽石呜呼都识字，冬青憔悴未开花”（《寻张煌言墓》），王夫之的“家国遥睇怜征雁，溪路含愁听早莺”（《山径》）等等，都抒发了思念故国的深情。

岭南三大家为屈大均、陈恭尹、梁佩兰，最突出的是屈大均，他长期跋涉远游，“所目击者宫阙、陵寝、边寨、营垒废兴之迹，故其词多怨伤慷慨”（卓尔堪：《明遗民诗》）。他一直活到康熙中叶，当清朝收复台湾时，他还从失去复明基地的角度出发，悲叹“茫茫一岛是天留，父子经营作首丘。恨绝生降虚百战，桓文事业付东流”。

江左三大家，即钱谦益、吴伟业、龚鼎孳，他们是另类的遗民，一度降清，后来内省忏悔，悲怨深切，形之于诗。钱谦益是当时诗坛的领袖，降清不久即归乡家居，写下“周室旧闻迁金鼎，汉宫今见泣铜驼”“林木犹传唐痛哭，江云常护汉衣冠”。当郑成功举反清义旗进长江、围南京时，各地响应，钱亦喜极欲起，仿杜甫秋兴诗写诗一百多首，歌颂欢呼。陈寅恪称“《投笔集》诸诗摹拟少陵，入其堂奥……诗中颇多军国之关键，为其所身预者。《投笔》一集实为明清之诗史，乃三百年未有之绝大著作也”。

吴伟业也是失节仕清的诗人，著《梅村集》，其中《圆圆曲》《永和宫词》《松山吟》皆为书写明清史事的著名诗篇。他临终时怨艾自责，写《贺新郎》一词，云“故人慷慨多奇节，恨当年沉吟不断，草间偷活，脱屣妻孥非易事，竟一钱不值何须说”，可以窥见他内心的痛苦与煎熬。

清初还有傅山、朱之瑜、侯方域、方以智、张煌言等一大批诗人文士，留下了许多诗文，吐露了自己的哀伤之情。

康熙中叶以后，清廷致力发展农业、奖励耕垦、蠲免租税、兴修水利，又出塞用兵，抗击俄国侵略，统一新疆、西藏，内部又团结汉族知识分子，尊孔崇儒，开博学鸿儒，征召山林隐逸，满汉矛盾渐趋缓和，对立情绪消退，清朝进入盛世，诗文风气因而大变。

盛世诗人早期的代表可推王士禛，他著有《带经堂文集》，官居高位，交游广泛，极享盛名。他的诗描绘景色，指点湖山，称神韵派。他写诸如《方山道中》等诗，吟及："前山白云外，缭绕一江横。渔舍参差见，风帆自在行。烟花怜故国，湖海寄浮生。洗盏船头坐，一声沙鸟鸣。"把平凡常见的湖山花鸟勾画得清新幽雅，令人神往。

当时与王士禛对立的是赵执信，著有《饴山堂诗文集》，他反对王士禛的"神韵"说，批评王"诗中无人"，主张"诗中有人诗外有事，以意为主，言语为役"。赵的诗较注意现实，"笔力遒劲"。《四库全书总目提要》评论二人"王以神韵飘渺为宗，赵以思路劖刻为主"，很能说明他们的诗风特色。

稍后的沈德潜标榜"格调"，主张"诗之为道可以理性情，善伦物，感鬼神，设教邦国，应对诸侯"。沈著有《归愚诗钞》，他在《说诗晬语》中反对以吟咏风花雪月为事，在诗风上主张“温柔敦厚，中正平和”，他的诗较多颂圣赞德之作。更后的郑燮，号板桥，一反“神韵”“格调”之说，主张表现性情，抒写人民疾苦，他能诗善画，工书法，世称“三绝”。他在山东潍县当知县时所写《画竹》一诗云：“衙斋卧听萧萧竹，疑是民间疾苦声。些小吾曹州县吏，一枝一叶总关情。”

清代最有成就的诗歌改革家是袁枚，著有《小仓山房诗文集》，他是雄视乾隆一代的诗坛巨擘，倡“性灵说”。他说“诗人者不失其赤子之心者也”（《随园诗话》），反对将诗歌作为单纯卫道的工具，主张诗可以抒写山水之景、男女之情，强调“灵感”的作用。“但肯寻诗便有诗，灵犀一点是吾师。夕阳芳草寻常物，解用都为绝妙词。”（《遣兴》）袁枚诗作，确能写出自己的生活感受，直抒性情，清逸灵巧，别具风格。如“秋深古迹诗愈健，霜满黄河浪不骄”（《题壁诗》），“如何二十多年事，只抵春宵一梦长”（《苦妾》）。

和袁枚齐名的有蒋士铨、赵翼，都是性灵派诗人。蒋有《忠雅堂诗文集》，其诗“清新蕴藉，皆发诸性情”，如“已知豪气吞云梦，便买扁舟下岳阳”（《洞庭秋泛》），“前尘事事都难忘，不到伤怀总不知”（《题忆园》），“自喜结根依小草，不随飞茵堕苍苔”（《落花》）。赵翼有《瓯北诗钞》，他既是诗人，又是历史学家，所作《二十二史札记》驰名于世。他曾从军远征，跋涉川黔闽粤，又扈从乾隆帝出塞行围，歌咏蒙古习俗，大漠风情。蒋士铨说他“天才卓越，又得江山戎马之助，以发其奇，兴酣落笔，雄伟奇恣，不可逼视”（《瓯北集序》）。他写诗力主创新，不蹈前人窠臼，他的诗“李杜诗篇万口传，至今已觉不新鲜。江山代有才人出，各领风骚数百年”（《论诗》），尤为人耳熟能详。

清代中叶，文章亦臻于极盛，诞生了桐城文派，它是中国文学史上传承最久、作者最多、影响最大的文学派别。始创于康乾时代的方苞、刘大魁、姚鼐，下传到十九世纪的梅曾亮、方东树、管同、曾国藩、吴敏树、张裕钊、薛福成、吴汝纶、林纾等，薪火相传二百年之久，直到五四运动为止。据说有名可数的作家有600多人，大多有诗文集行世，故当年有“天下之文章，其在桐城乎”之说。他们不仅有文学创作的实践，佳作如林，精彩纷呈，而且有文学理论。方苞提出“言有物，言有序”。刘大魁标榜文章的“神、气、音、节”，姚鼐又细化成“神、理、气、味、格、律、声、色”。桐城派声势浩大，影响甚广。中国文学史上从未出现过这样大的文派。但在五四新文化运动中，它成为批判的对象，被称为“桐城谬种，选妖遗孽”。这时中国社会向近代社会转型，白话文取代文言文，桐城派不能适应时代的需要，故地位下跌，一落千丈。五四运动具有划时代的丰功伟绩，但它对传统诗文的评论具有片面性。其实桐城派文章是清朝盛世的产物，接续着中国古典文学的传统，在十八世纪和十九世纪是中国思想和知识的传播载体，也有精华和糟粕之分，应该客观、正确地分析和对待，不可一笔抹杀。

跨过清朝的乾嘉时代，中国迎来了狂暴急骤的西风欧雨，诗文的内容和形式亦随之大变。一是爱国主义精神发扬光大，充实了诗文的内容；二是学习西方文明的思潮兴起，诗文也随之扩展新视野，歌咏新事物，产生新理念；三是改革与革命兴起，诗文成为改造中国、振奋人心的武器。

近代爱国爱民的新诗文萌生于鸦片战争时，林则徐的“苟利国家生死以，岂因祸福避趋之”，龚自珍的“我劝天公重抖擞，不拘一格降人才”，魏源的“不忧一家寒，所忧四海饥”开其端。郑观应有《关心时局，因赋长歌》历述了中国的被侵略、被凌辱，“一自海禁开，外夷势跋扈，鸦片进中华，害人毒于蛊，铁舰置炸炮，坚利莫能拒，诸将多退怯，盈廷气消沮，割地更偿费，痛深而创巨，何以当轴者，束手无建树”。狄葆贤有《平等阁诗钞》，感叹“尘海微生感逝波，沉沉大陆竟如何，睡狮未醒千年梦，野马行看万丈过”（《秋感》）。

近代的许多诗人痛心对外战争的失败，歌颂战争中牺牲的英雄，如贝青乔的《咄咄吟》、林昌彝的《射鹰楼诗话》、黄遵宪的《人境庐诗钞》都充满激情、脍炙人口。张维屏的《三元里》写道“三元里前声如雷，千众万众同时来，因义生愤愤生勇，生民合力强敌摧”，热烈歌颂人民的抗英斗争。黄遵宪的《闻大东沟战事》颂赞邓世昌“致远鼓轮冲重围，万火丛中呼杀贼，勇者壮烈首捐躯，无悔同胞夸胆识”，还有胡延《蔺德堂诗钞》歌颂左宝贵“月晕重重闻楚歌，洞胸犹握鲁阳戈，仲由结缨那惜死，国势不张将奈何”（《左将军歌》）。丘逢甲痛心于台湾割给日本，写出“春愁难遣强看山，往事经心泪欲潸，四万万人同一哭，去年今日割台湾”的悲歌。这些诗慷慨磅礴，洋溢着强烈的爱国主义思想。

要求清廷进行改革维新的声音也同时在诗文中兴起，黄遵宪倡导诗界革命，他的诗“独辟蹊径，卓然自立”（梁启超语），赞成改革变法，“滔滔海水日趋东，万法从新要大同，后二十年言定验，手书心史井函中”（《己亥杂诗》）。戊戌改革的人物均善诗文，咏诗甚多，其领袖康有为因北京不能实行改革之志，在离京南下时有诗“高峰突出众山妒，上帝无言群鬼狞，漫有汉廷遣贾谊，岂教江夏逐祢衡”（《出都留别》）。及至维新失败，慈禧当权，金天羽《天放楼诗集》有诗“上林风急雁惊秋，国事天家说总愁，帝病请祠遣蒙恬，佛慈衣钵斩罗睺，北军产禄兵柄握，东市膺滂血空流，想是宫中谋议泄，皇灵停榇困沙丘”，这首诗几乎是戊戌政变的写实。

历史进入20世纪，局势又变，革命风潮汹涌激荡，不可阻遏，诗文成为鼓吹反清革命之锐利武器。孙中山的《革命方略》《民报发刊词》，邹容的《革命军》，章太炎的《驳康有为政见书》以及陈天华的《猛回头》都是驰名的革命诗文，大批知识分子走向革命，写了大量反清的诗歌文章。鉴湖女侠秋瑾以一女子，既习武，又能诗。她写的词《鹧鸪天》：“祖国沉沦感不禁，闲来海外觅知音，金瓯已缺总须补，为国牺牲敢惜身，嗟险阻，叹飘零，关山万里作雄行，休言女子非英物，夜夜龙泉壁上鸣。”又写《感愤》诗：“莽莽神州叹陆沉，救时无计愧偷生，抟沙有愿兴亡楚，博浪无椎击暴秦。国破方知人种贱，义高不碍客囊贫。经营恨未酬同志，把剑悲歌涕泪横。”诗词中表现了革命者爱国的情怀、崇高的追求和悲壮的风格。

辛亥革命前夕，革命诗文大量涌现，如柳亚子“希望前途竟如何，天荒地老感情多，三河侠少谁相识，一掬雄心总不磨，理想飞腾新世界，年华辜负好头颅，椒花拍酒无情绪，自唱巴黎自由歌”（《淀江道上口占》），苏曼殊的“蹈海鲁连不帝秦，茫茫烟水著浮身。国民孤愤英雄泪，洒上鲛绡赠故人”（《元旦感怀》）。宣统元年，许多诗人文士在苏州虎丘集会，创设“南社”，以诗文为武器，抗击腐败的朝廷。清朝覆亡时，社员发展到200人，以后发展到2000人。南社诗风，忧国忧时，慷慨雄放，为清代诗歌作了总结，至五四运动以后，白话文和白话诗兴起，又开拓了中国诗文的新领域、新境界。

（《当代名家学术思想文库·戴逸卷》）

第四编　清史工程与清史编纂

在国家清史编纂委员会第一次工作会议上的讲话

各位先生，各位专家学者：

刚才周部长（文化部周和平副部长）传达了中央关于编纂《清史》的指示和精神，宣布了编纂委员会的名单。中央的决定非常英明、正确。我一定和全体编纂委员会的同志团结一致，贯彻执行。这里我和同志们谈一谈编纂《清史》的由来和工作的展望。

编纂《清史》有一个比较漫长的历史过程，我简单地把这个历史回忆一下。“易代修史”是中国的优秀传统。我们国家的历史上，前一个朝代灭亡以后，后一个朝代为了总结历史经验，作为治理国家的借鉴，都把修纂前一朝代的历史作为政治上的一件大事来完成。这样的优良传统在历史上绵延不断，因此积累了丰富浩瀚的“二十六史”。有了这样的传统，我们的历史典籍特别多，构成了我国丰富的历史文化遗产，这是世界上其他国家所没有的。所以江泽民总书记曾经说过，中华民族历来重视治史，世界几大古代文明，只有中华文明没有中断地延续下来，这同我们这个民族始终注重治史有着直接的关系，这说明古代的修史传统积累了中华的文明。清王朝已经被推翻了90年，但至今还没有一部比较理想的、系统的、全面的、大型的史书。新中国成立之初，也就是20世纪50年代，董必武首先向中央提出建议，写一部正式的《清史》。这个建议受到毛主席、周总理的重视。1959年周总理委托吴晗同志考虑一个《清史》编纂的方案，当时吴晗同志征求了史学界很多同志的意见，跟我和任继愈等同志都亲自谈过。但由于当时是三年困难时期，这项工作就停顿下来。以后，毛主席有一次跟范文澜同志说，自己退下来以后，管的事情少了，想读一点关于《清史》的书。田家英同志当时担任主席的秘书，曾经想编纂一部《清史》，而且得到了主席的首肯。他收集了很多清代的书法作品，有2000种，准备作为纂修《清史》的资料。1965年秋，周总理委托周扬同志召开中宣部部长会议，决定成立"七人《清史》编纂委员会"。当时，中国人民大学常务副校长郭影秋同志担任主任，而且指定在人民大学成立清史研究所，这就是今天中国人民大学清史研究所的由来。但是两个月后，"文化大革命"揭开序幕，编纂工作化作泡影，没能实现。不仅实现不了，这件事情还成为当时批判中宣部和郭影秋同志的罪状，说他们要干扰、破坏“文化大革命”。后来，郭影秋同志为了保存在中国人民大学已经集合的一批清史研究力量（当时中国人民大学已被解散，该校的同志分散到各个单位），就在北京师范大学成立清史研究小组。直到1978年“四人帮”垮台后，中国人民大学复校，清史研究小组复归中国人民大学，正名为“清史研究所”。80年代初，有人写信给邓小平同志，建议编纂《清史》。小平同志把这封信转给中国社会科学院来考虑。80年代初，在制订“社会科学六五规划”的时候，曾经考虑过《清史》编纂问题，并决定要上马，但由于当时经费紧张和其他一些原因，又没有进行下去。我讲这段往事，是说国家编纂这样重大的文化工程经过了一个漫长的、坎坷的酝酿过程。

今天我们迎来了盛世，有了修史的机会，编纂委员会的全体成员受国家的委托，编纂有清一代268年的历史，这是很难得的机遇，也是一位史学工作者值得骄傲和引以为荣的事情。这件事情落在我们肩上，可以把自己的聪明才智和知识贡献给国家和人民，这是件人生的幸事。国家修史在历史上是百年不遇的，中国近600年来修过3次。第一次是朱元璋洪武元年（1368年），明军刚刚攻下大都（北京），就立即下令修《元史》；第二次是顺治初年，清兵刚刚进入北京以后，不久就下诏为明朝修史，实际上在康熙年间才启动，花八九十年修出《明史》；第三次是1914年，中华民国大总统袁世凯下令成立清史馆，花14年修了《清史稿》；我们这是600年来第四次，是难得的盛举。所以我们一定要珍惜国家给予的这次修史的机会，齐心协力把这部《清史》修好。

为什么编纂这样一部大型的《清史》？它的意义何在？清朝统治长达近3个世纪，时间跨度很长，而它灭亡距今仅仅90年，越是离我们时间近，对我们影响越大，清朝的许多事件和人物我们都耳熟能详。而且清朝处在从传统社会向近代社会开始过渡的重要时期，今天的政治、经济、军事、文化各个领域都跟清朝息息相关。因此要了解和掌握中国的国情，建设中国特色社会主义，就要对清朝的历史有全面、深入的了解，很有必要编纂一部网罗各个方面的史事、详尽完备、分析正确而深入、篇幅较大的清代历史。在酝酿过程中，有的同志提出疑问，我们已经有了一部《清史稿》，多达536卷，有没有必要再修一部《清史》？我们认为还是很有必要的。应该说《清史稿》有一定的价值，但是一部并不理想的史书。因为当年袁世凯聘请参加修史的人，大多数是清朝的遗老，思想上忠于清朝，站在清朝的立场上修史，许多历史事件和人物都被歪曲了。比如写辛亥革命的武昌起义，它用“革命党谋乱于武昌”这样的写法；南京临时政府成立，它记为“举临时大总统，立政府于南京，定号曰‘中华民国’”，不屑于提孙中山的名字，《清史稿》中孙中山的名字仅在通缉他的时候出现过一次；写秋瑾、徐锡麟牺牲称为“伏诛”，整个立场完全是清朝的立场；清朝官僚因为对抗革命被打死的，被称为慷慨捐躯、从容就义，大加歌颂。这类例子不胜枚举。因此当年故宫博物院院长易培基呈请国民党封禁此书，说这部书“诽谤民国，乖谬百出，开千百年未有之奇”。《清史稿》本身在观点、内容、史实上确实有很多缺点，所以称为《清史稿》，其中基本常识有不少错误。台湾搞了一本《〈清史稿〉校注》，查出问题8万条，其错误率是很大的，所以它无论从观点上还是从史实上都不是一部理想的史书。我不是全盘否定它的价值，因为《清史稿》利用了国史馆长年累月积累的资料，有一定的价值，它的文字也简练概括。但是观点、内容和史实确实存在很大的问题，需要有观点正确、内容确切的大型《清史》来替代它。现在离清朝灭亡已有90年，正是修史的好时机。20世纪所有的政府，包括北洋政府、国民党政府，新中国成立后的历届党和国家领导人，都非常关心修《清史》。北洋政府成立清史馆，国民党政府封禁《清史稿》后拨了50万元重新修《清史》，由于抗日战争而没有进行。新中国成立后我们致力国家经济建设，政治运动也很多，顾不上修史。《清史》几上几下，最终没有上马。现在国家已经安定，进入小康社会，有了稳定的环境，有了比较充裕的财政条件，有了人力、物力、财力可以投入这样巨大的文化工程。所谓“盛世修史”，《清史》的修纂反映了我们中国正在迎接一个盛世的到来。另外，上个世纪清史领域学术上的准备也不够。《清史稿》纂修的时候，没有利用清代大量的档案，仅仅利用了国史馆的材料，因为清宫大量档案的发现比较晚。现在大量档案的发现，为《清史》编纂开辟了广阔的天地。前一辈学者如孟森、郑天挺、罗尔纲、郭廷以等在清史领域做出了很大的贡献。新中国成立后，范文澜、胡绳等同志用唯物史观阐明了中国晚清史的规律，晚清史的研究成为大家关注的热点。改革开放以来，为了探索实现现代化的道路，很多研究者在追溯中国现代化早期历史上取得很多成绩。新资料的发现更是层出不穷，第一历史档案馆从50年代以来整理出版了100多种档案，达4亿字。《清史》队伍也在迅速壮大，特别是改革开放以来，各个学科的发展非常快。所以，在人才方面、在研究成果方面、在资料方面，现在启动《清史》编纂正当其时，是良好的时机。

下面我谈一下工作的展望。现在工作还没开始，所以详细地、具体地谈今后的工作还不可能，只是粗略地展望。目前重要的工作一是建立和健全机构，建立编纂委员会、学术委员会和其他的一些职能部门；二是组织队伍、调集人员，调集人员是比较困难的，还要拜托诸位能够推荐优秀人才；三是开展调查研究；四是组织体例规划的讨论；五是制定规章制度。总之，千头万绪，工作很多也很乱。现在我们一部分《清史》编纂人员和文化部的同志正努力做准备启动的工作。我们的目标是写出一部观点正确、实事求是、记事翔实、条理清楚、内容丰富、史料确凿的高质量的《清史》，能够反映我们的学术水平，成为新世纪标志性的文化工程。篇幅暂时考虑为3000万字上下，时间为10年左右。写出高质量的《清史》有相当大的难度，我们一定要严肃对待，团结协力，认真写作，全力以赴，经过艰苦的努力达到这个目标。3000万字的《清史》是我们编纂工作的主体工程。全面系统地讲清朝的历史，一定要按照中央的精神，以马克思主义、毛泽东思想、邓小平理论和“三个代表”重要思想为指导，在重大的理论问题上要讲政治、讲原则，实事求是，坚持学术创新和发扬优秀史学传统的统一，坚持尊重客观历史真实和反映时代精神的统一，坚持文化学术积累和以史为鉴、古为今用的统一。它的内容、体例、文字要经过专家多次的论证，在充分听取专家意见的基础上付诸实施。

中国传统史书一般都有纪、传、表、志几个部分。我们要参考和借鉴传统的体例，但我们修的《清史》不能照搬旧的体例，要创造新体例，如何把创新和继承相结合起来，希望各位委员各抒己见，研究讨论。比如说写一部通史是否合适，它的篇幅可以小一点，能够全面系统，讲清朝268年的历史，要求要高，以唯物史观为指导，作为全书的纲要和核心部分，占全书的十分之一。这部分不仅专家可以读，一般群众也可以读，因为3000万的大书群众是读不了的，如果两三百万字群众就可以读。

另外在修《清史》时可否列入图录，这是以前的史书所没有的。郑樵在《通志》里说过，历史书应该有图。传统史书没有图，是由于印刷条件落后，也可能古代没有适宜的、好的图录可以放入历史书。现在情况不同了，因为印刷技术发达，图像印刷非常准确、精美，包括风俗民情的图、战争地图、疆域地图等，像康熙朝的《皇舆全览图》等都是世界著名的地图。能够把大量的图放入历史书中，可以更生动形象地表现历史。

传统史书里的纪、传、表、志，不能全部搬用，也不能全部抛弃，应考虑如何加以重点地改造。例如，本纪实际上是这一朝代的大事记，我们可以把本纪和皇帝的传记分开，保持记录大事的部分。人物传我想还是要的，因为历史是人的活动，是由人创造的，但写多少人、如何排列（按时间还是按类别），需要考虑。志是否要保留，要占多少分量，写什么样的志？譬如《清史稿》里的天文志可以讨论要不要。天象的变化比较小，原来把它写在历史书里是强调“天人感应”，我们要不要这个志？地理志在《清史稿》中篇幅很大，我们能否用地图等来代替它？有的志要加重分量，到近代出现了许多工厂、矿山、铁路、轮船，《清史稿》将它们放在交通志里，并不合适。《清史稿》中有9个表，职官表很大，如何改造？文体问题怎么办，用白话还是用文言？用文言，后来人可能看不懂，也达不到《清史稿》的水平；用白话则字数要多，篇幅会很大。欧阳修讲，写历史的主要原则为“事增文省”，用白话文，文字就会很多，总之，有一利就有一弊。3000万字的《清史》是我们10年的主要目标，特别是其核心通史部分，要遴选高手来写。

除了主体部门，我们是否还要扩大眼界、拓宽领域，大规模地搞清代文献档案的整理工作？为了保证《清史》的质量，必须进行资料的搜集和整理，因为离开资料我们谈不上历史研究。清朝灭亡一个世纪以来，清史文献档案资料陆续被发现，但由于数量太多，许多档案文献还没有整理。现在我们要进行全部的整理和抢救也不可能，要有选择、有区别地进行。第一，要整理那些和清史研究关系比较紧密、可以比较快地提高清史学术质量的资料。第二，要选择孤本、稿本等很快就要消失的资料来抢救。第三，要斟酌文献档案的整理工作有多大，投入的人力、财力有多少，要分别轻重缓急，量力而行。这是提高《清史》质量的关键，也是对清代文献资料的抢救和保护，是很有意义的工程。历代修史都要事先征集资料和书籍，但都没有保存下来，全部遗失了，现在我们看到的仅仅是一小部分。如果我们能够看到当时写史的根据，那么现在历史研究情况就大不相同了。现在我们的经济条件、技术条件、社会条件都允许我们把这些资料完整地保存下来，留给后人。我觉得有以下几个系列的文献档案要充分地注意：

（1）清代国家档案系列。这是非常宝贵和丰富的历史遗产，50年来第一历史档案馆做了大量的工作，但还有许多重要的档案没有整理，10年内我们能不能把较大的精力和财力投入档案的整理？比如嘉、道、咸、同四朝的宫中档案还没有整理，这是非常重要的资料，是皇帝放在宫中看的；档案馆现在保存的粮价雨水折、单、片，是清朝规定全国每个县每个月报一次粮食的价格和雨水的情况，这样大范围、大面积的气象和价格记录是全世界仅有的，是经济史和气象资料里非常珍贵的东西，而且数量很大。清朝保存的清末外务部的档案也是非常完整的，这一段外交史料完整地反映了帝国主义侵略中国的历史。

（2）个人档案系列。像上海图书馆保存的盛宣怀的档案，当年顾廷龙先生把它收在上海图书馆，现在开始有几个人在整理。盛宣怀是中国近代化过程中非常重要的人物，上海轮船招商局是他办的，中国最大最早的纱厂——华盛纱厂是他办的，中国电报是他办的，汉冶萍公司是他办的，卢汉铁路是他修的，中国第一家银行——通商银行是他创办的，另外交通大学也是他创办的，他的档案整理出来，对于写清代近代化历史非常重要。

（3）清人诗文集系列。有4万种，几部目录已经出来，而且做得非常好，有书名、卷数、作者、版本、源流、藏地、纪要等，都很详细。我们是否能够取其精华，发表一些？取其百分之一，就是四百种上亿字。

（4）清人年谱、日记、笔记、书信系列。清人的年谱约有800种，大多数没有发表；日记也很多，像曾国藩日记、李慈铭日记、翁同龢日记，都非常有名；笔记发表较多，但很零碎；书信很多都是原件，从来没有发表过，上海图书馆有11万封。前天看到报纸上讲，明人的书信刚刚出版了，有4万件，清人的书信也应该出版，听说苏州博物馆和国家图书馆也有很多。像这样的书信可以影印，它不仅有历史价值，还有艺术价值，因为清人很多都是书法家。

（5）少数民族文字档案系列。中国是多民族的国家，不光有用汉字写成的史料，还有用满文、蒙古文、维吾尔文、藏文等写成的非常重要的史料。

（6）徽州契约文书系列。现在有30万件，其中20万件已经发表，还有10万件没有整理。

（7）学者著作系列。清代的学派很多，有考据学派、西北史地学派、古文学派、今文学派等，他们的著作能否搞一些丛书，比如西北史地学派著作丛书，把他们的著作都集合在一起。

（8）翻译系列。清朝和前面的朝代不同，和世界历史的关系非常密切。比如清朝时来华传教士写了很多有关中国的情况，当时有个规定，每个传教士定期要向罗马教廷报告在中国的所见所闻。已经出版了一套传教士的书信集，十几个国家都有译文，唯独中国没有，从日文翻译过来的是简本。晚清的这类东西很多，如外交官、商人、军官所写的作品，我们要有选择地翻译。其他还有家谱、报刊、图录等系列，每个系列都包含了大量的历史信息。

要把全部的文献档案都包下来是不可能的，但我们要尽最大的力量来进行文献档案的整理。《清史》纂修是标志性的文化工程，既然国家托付我们这样一个重任，我们就投入最大的人力、财力来做，动员一切力量最大限度地抢救和整理清代历史文化遗产。要整理档案文献，就要进行可行性的调查研究，要整理哪一部分、要投入多少力量、要用多少钱和时间、由哪些人来整理，写出规划方案，争取在10年内多做一些项目。整理档案文献可以提高《清史》的质量，纂修《清史》又可以带动文献档案的整理，两者相辅相成，并行不悖。写历史的人和整理档案文献的人适当地分开，齐头并进，不至于耽误写作的时间。《清史》工程实际上包括两个部分，一部分是3000万字的主体工程，另一部分是规模很大的档案文献整理工程。10年后《清史》主体工程出台，各项文献档案工程也陆续出台，形成规模性的文化工程。打个比方，我们要打造一艘航空母舰，不仅仅需要航空母舰，还要有许多驱逐舰、巡洋舰、潜水艇，要形成一个战斗群，形成规模性的文化工程。这样做，一是为了修好《清史》，能够有坚实的资料依据；另外是我们放宽眼界，抢救和保护珍贵的档案文献。这是功在当代、利在千秋的事业。

这样规模的工程，人员可能动用二三百人，用款可能达到几个亿。几个亿在文化方面显得很大，但在整个经济建设上是个小数，对清代的整个文化遗产进行抢救，是很值得的。江泽民主席讲社会科学和自然科学有四个同等重要，但是我们现在缺乏标志性的文化工程。《清史》编纂如果按照这样的规模进行，可以称得上名副其实的国家行为、国家工程，是新世纪标志性的文化工程，意义重大，影响深远。它的实现依靠全体编纂委员和整个学术界的共同努力。我相信全体编纂委员愿意承担这样艰巨、宏大的任务，积极地投入这项巨大的文化工程。这项工程时间很长，难度大、工作复杂，但我相信有党中央、国务院强有力的支持，有文化部领导的协助，我们和历史学界团结一致、积极努力、开拓创新、与时俱进，一定能够完成党中央、国务院和全国人民托付给我们的编纂《清史》的任务。

2002年12月12日

（《涓水集》）

贯穿《清史》的一条主线

——新修《清史·通纪》内容要旨

新修《清史》的总体设计，内设《通纪》，8卷本，拟写300万字，占全书约3000万字的十分之一。《通纪》与《典志》《传记》《史表》《图录》共五项，合为新修《清史》的主体内容。五项都是新《清史》的不可或缺的组成部分。但《通纪》之重要，可用“全书的总纲”“全书的核心”来概括。

纂修新《清史》，是当代中国一项世纪性的文化学术工程，是学术界百年宏图大业，需要所有学者、专家都来关心它，支持它，并积极参与到这项事业中来。因为这个缘故，我想就《通纪》的基本内容做一简介，实际是对这部分内容的结构设计，以期引起讨论，企盼提出更富有创见性的意见和建议，帮助《通纪》达到高水平、高质量。

一

新修《清史》设置五个部分，即《通纪》《典志》《传记》《史表》《图录》，一方面继承了传统史书的体裁，一方面也吸收了20世纪以来新的体裁，它们各有长处。传统的纪、传、表、志体裁的优点，有比较大的包容量。中国传统史书，如“二十六史”，都是用传统体裁写的，直到上个世纪，从梁启超、章太炎开始才有了章节体，以后的20世纪100年都用章节体，而传统体裁几乎被废弃不用了，只有罗尔纲修《太平天国史》用了传统体裁。我认为，这两种体裁都有它们的优点，也各有它们自身的缺陷。我们新修《清史》，主要采用了传统史书的传统体裁，发挥其包含量大的优点，从各个方面反映清代历史内容，体现历史发展演变的丰富性和多样性。同时，我们又考虑到20世纪以来盛行的章节体的长处，就在于它能表现历史发展的大趋势，揭示历史的规律，可以对历史进行连续性的、立体式的、有重点的编写。所以，我们设计的5个部分，其中4个部分是用传统体裁，一个部分即《通纪》采用章节体。

何为通纪？按我的设想，通纪也就是通史。或者不叫通纪叫总序？或者干脆就叫通史？名称应以准确、贴切为好，究竟哪个名称更好，可以讨论而后定。

不论用哪个名称，现在姑且称“通纪”，就是用8卷本300万字的规模，把清代近300年历史加以扼要地叙述，前后贯通，表现历史发展的大趋势和我们的历史观，阐明清代从崛起到发展与鼎盛时期，到衰落以至灭亡的全过程。这里面，当然要多方面反映清代政治、经济、军事、文化的内容，包括阶级斗争、民族斗争的各个方面，包括意识形态、社会生活的各个方面。但是，这些方面的叙述都比较简略。这8卷是宏观的叙述，一方面不能过于简略，否则很多问题就说不清；另一方面又不能太细，内容过多，《通纪》部分承担不了。因此很多内容要由纪、传、表、志分别承担。

《通纪》分为8卷本，是根据清史的内容和新修《清史》的各部分的比例，经过反复考虑以后才定下来的。有一种意见，主张《通纪》不宜写多，写两卷就够了。我觉得这样写困难比较大。第一，要阐明清朝近300年发展大势，两卷本是不够的，100万字以内不行，3卷也不够，8卷已经是比较少的了。近300年的时间跨度很长，内容太多，前后变化太大，比较短的篇幅难以说清这个大势，很多问题说不清楚。第二，《通纪》部分涉及的内容，如阶级斗争、民族斗争、经济基础与上层建筑等，各个方面都需照顾到，不能太简略。再比如，《通纪》

重点讲政治、军事、外交这些问题，因为这些问题也只有在这里可以说清楚，在后边就没有地方再讲了。就说军事，清朝打仗可不得了，17世纪打了一个世纪，18世纪是一个太平世纪，当然也有乾隆朝的十大武功，但是战争还是比较少。到19世纪时，又打了一个世纪，从白莲教、太平天国到鸦片战争、中法战争、甲午战争、义和团、八国联军，整整打了一个世纪。哪个志能写战争呢？兵志是不能写战争的。因为兵志是记述军队的编制，讲八旗、绿营的编制，不能写打仗的事，所以不能指望兵志来解决具体战争问题。那么，传记能写吗？的确有些人物参与过战争，可能是个统帅。但一次战争中统帅也常常撤换，写一个人物不可能贯穿地写一场战争。至于表，就更无法反映战争的内容了。显然，只有《通纪》才能反映这么多、这么重要、这么激烈的战争！这些内容的重要性和必要性都要求写到《通纪》部分。再如，鸦片战争过程不一定展开，不能写得很多、很详细，但不能没有它。政治斗争也是这样，有许多重大的政治斗争，如雍正夺嫡问题，有各种不同意见，有的认为雍正是合法继承，有的认为雍正是非法继承。这些都可以讨论，但雍正继位这件事不能不写，放到哪里去写呢？也只能在《通纪》里去写。雍正帝传肯定要写这个内容，但涉及的人多，内容也多，不能全写进传记里。再如，北京政变，慈禧上台，当然可在慈禧传里写，主要还是在《通纪》里写。很清楚，没有相当规模的《通纪》，无法处理这些政治上、军事上的重大事件。

原先我曾设计“载纪”，将一些特殊的历史事件，如南明、吴三桂建周政权、太平天国、准噶尔等，都附载于《清史》，名为“载纪”，这也是沿用了“二十四史”中《晋书》的体例。后来，反对设载纪的意见比较多，我也就把它撤掉了。那么，载纪里的内容放到哪里去写呢？如上面提到的太平天国，不仅是打仗，不仅是军事，还有一些制度——“天朝田亩制度”“守土乡官制”“天历”等，都可以放到《通纪》里写。准噶尔的丘尔干会议，是一项很重要的制度，但不是清朝的制度，在官制里也不能写，跟准噶尔打仗的内容，该写在哪里呢？显而易见，这些内容只能写到《通纪》里，这就使《通纪》的内容很拥挤，用8卷写，已显得容纳困难，如用两三卷，就将使《通纪》困难重重，无法承受。

二

《通纪》分为8卷，实际是把近300年清史划分为8个历史阶段而设的。清史为什么要划分为8段？为便于说清问题，将各卷内容要旨分述如下。

第一卷　满族兴起和清朝建立（1583—1643）

这是从努尔哈赤以13副遗甲起兵一直到清兵入关，一共60年时间。努尔哈赤起兵打败了尼堪外兰，统一了建州各部，接着又平定了海西女真辉发、乌拉、哈达、叶赫4部，共花了将近30年时间，从小到大，从弱到强，一个新兴的民族在东北崛起，直到萨尔浒战役和明朝对抗，明朝号称40万大军全军覆没。又经过多次战争，努尔哈赤进入辽沈地区，以后又进入锦州地区，逼近山海关。满族仅几十万人，人口很少，从统一内部开始，花了60年时间发展成这么大的势力，跟明朝对抗，并且曾经围攻北京，势如破竹，百战百胜。

毛主席曾经提出这个问题，说满族几十万人口怎么把汉族1亿人口都征服了？那时也没有什么先进的枪炮啊。这个问题是值得我们思考的。我认为，第一个是由于满族处于社会发生根本变化的阶段，从奴隶制走向封建农奴制的阶段，在这样一个关头，这个民族最容易产生一种蓬勃的朝气。社会发展处于上升的阶段，农业也发达，经济也发达。第二个是由于努尔哈赤和皇太极这两代领袖的英明善战，他们想了许多削弱明朝的办法，而且创造了八旗组织。八旗组织是非常坚强善战的组织，把整个满族的人组织在八旗制度之下，整个满族子弟剽悍勇敢，团结在领袖的周围。第三个是满族内部民族凝聚力强大，它是一个处于上升阶段的民族，它是一个在胜利中前进的民族，这时它的凝聚力是最强大的，而且满族能够比较果断地解决内部矛盾。当时的内部矛盾很多，努尔哈赤跟舒尔哈齐的矛盾、跟褚英的矛盾，以及皇太极与四大贝勒之间的矛盾，最后多尔衮跟豪格的矛盾，但他们善于处理这些矛盾，不至于像太平天国闹到一塌糊涂。第四个就是它向汉族学习，学习汉族的文化、制度，重用汉人，从李永芳、范文程、洪承畴、孔有德，一直到吴三桂。跟它对立的明朝则内外交困，腐败不堪，在当时朝廷外有李自成、张献忠起义，闹得全国各地烽火连年；朝廷上又有党争，东林党、非东林党、阉党激烈地斗争；外边还有满族，三面夹攻，这样的政权是胜不了的。一看史料就知道这两个政权的不同：一个是焦头烂额、四面楚歌；一个是欣欣向荣。所以人口少的满族政权，将对于它来说是庞然大物的明朝打败了。满族政权也不是一下就把明朝打下来了，对峙了很长时间，削弱明朝的枝叶。所以第一卷的内容应该围绕着满族的兴起、清朝的建立，一支非常弱小的、处于偏僻地方的力量是怎么崛起的来写。把这个问题写透了，第一卷就成功了。

第二卷　清朝入关和确立全国统治（1644—1683）

李自成进京后，崇祯皇帝上吊身亡，明朝灭亡，清朝入关。清朝入关伊始，势力限于华北北部，然后扩展到整个华北，后到长江流域以南，跟南明进行了长期的战争。南明失败后，又跟三藩长期进行战争，一共花了近40年才把南中国统一下来。这个时间也是很长的。闯王进京，明朝灭亡，对清朝来讲这是问鼎中原的最好时机，如果不利用这个时机，就要失去历史机会了。这个时候，皇太极偏偏刚死掉，内部乱得一塌糊涂，多尔衮和豪格两个人争当皇帝，黄旗和白旗争起来，差一点火并。但是，清朝的高明就在这里，它内部协调，两个人都不做皇帝，捧一个小孩——顺治做皇帝，两个人辅助顺治。豪格本来是皇太极的长子，应名正言顺做皇帝，但多尔衮能干，权力和势力大，如果他们两人火并起来，那就进不了关了，即使进关也不行。他们能够妥协、缓和，内部解决了这个矛盾，这是历史上很重要的经验教训。当然，后来多尔衮全胜，把豪格关起来，但当时清朝是能够挥师入关的。所以历史的机遇只被那些善于驾驭局势的能人抓住，如果他们两人只顾争权夺利，就会失去机遇。

入关以后40年，清朝致力争夺全中国的统治权，主要是长江以南，对手是南明。南明有三个王朝：弘光、隆武、永历，一个在南京，一个在福建，一个在西南，再加上农民军李自成的余部和张献忠的余部，从人数来讲还是很多。南明有不少军队，但太分散、太腐败了。南明之后，又有三藩起来，一直到收复台湾（1683），共40年。我想当时清军入关后，中国很有可能变成南北朝。因为中国历史上，游牧民族入侵中原后一般都出现南北朝：东晋的时候“五胡乱华”，东晋跑到南方去，形成第一个南北朝；第二个南北朝是南宋和金，金国也是占了汴梁（今开封）后，把宋高宗赶到杭州，后来金兵打到杭州，宋高宗又跑到海里，金兵守不住而退兵。因为游牧民族经过中原长期的战争筋疲力尽，到南方以后，天时、地利、气候、饮食习惯、语言等都有障碍，往往过不了长江。但清朝就挥师南下，势如破竹，这是怎么回事？我觉得，一是当年清朝与南明的军事战争，不仅是军事斗争，而且是一场政治斗争，清朝就高明在政治上争取到汉人的认同。满族本来是一个落后的民族，它的政策是比较落后的，所以进关后就屠城、抢掠、乱杀人，在北方圈地。但是它的野蛮政策逐渐改变，圈地很快停止，顺治四年（1647）、五年（1648）后就停止圈地了，屠城后来也停止，而且用各种宽大的政策招抚汉民，免除“三饷”，采用科举考试来招抚汉族知识分子。它当然不是一下子就能改变的，但是它在改变，越是清初，政策越严格。反之，南明最根本的弱点就是分散，小朝廷有三个，各自为政。农民军也很多，李赤心一支、郝摇旗一支、李定国一支、孙可望一支，虽然都奉明朝的年号，实际上个个都是很跋扈的将领，内部斗争很激烈，特别是弘光朝、永历朝闹得一塌糊涂，非常腐败。清朝则号令一致，多尔衮发布命令没人敢违抗。南明虽然力量大，但没有这样集中的力量。再一点，清朝打南中国，主要利用汉族军队，即吴三桂、孔有德、尚可喜这些人，不是利用八旗兵。汉族军队适应汉族地区的天时、地利、风俗习惯。为什么三藩后来尾大不掉？就是因为打南明时，主要的力量已经不是八旗兵了。清朝的高明之处就在于利用汉人，所以能够在南方站住。三藩的失败是必然的，吴三桂本来招清兵入关，把永历皇帝杀掉，后来又反叛清朝，道义本来就没有了。对老百姓来说，他毫无威信，这在战争中是很重要的。再加上他保守，守在岳阳一带不往前进，更不行了。

第二卷的内容，大体上就是这样，要讲清楚清朝为什么能够很快打下南中国，而且没有形成南北对立的局面。如果当年形成南北对立，那以后的历史就变化了。没有清朝大统一的局面，我认为我们今天就可能分崩离析。

第三卷　经济的恢复、发展和康熙之治（1684—1722）

进入康熙朝后期，也就是康雍乾盛世的开端，在统一南中国、平三藩、收复台湾时，清朝后方起火。一是在黑龙江流域，俄罗斯越过乌拉尔山，跨过广阔的西伯利亚，在几十年的时间里到达太平洋边上。这个速度是很快的，因为西伯利亚空旷无人，没有抵抗。但是，俄罗斯到达黑龙江，建立据点，碰到强大的反抗，跟达斡尔人、赫哲人打得非常激烈。另一件事是察哈尔蒙古的布尔尼在三藩之乱时叛乱。第三件，也是威胁最大的，是准噶尔汗国在今新疆伊犁崛起。这三支力量，一个在东北、一个在西北、一个在北方，让康熙一面打前边，一面看后边。布尔尼叛乱时，北方都没有军队，都派到南方去了，当时满族还比较能战，是图海率领满族的家奴去打的。东北方面，清军在雅克萨战争中打败了俄罗斯，双方签订了《尼布楚条约》，安定了中俄东段边界。《尼布楚条约》所划的边界比我们现在的领土要大得多了。布尔尼也很快平定下来。西北方最主要的敌人是准噶尔汗国，它的根据地在伊犁，军队很强大，已经把天山南北都占领了。往西打到哈萨克，现在中亚细亚的大部分国家当时都是它的势力范围，东边袭扰整个外蒙古，往南威胁内蒙古，外蒙古的领袖包括哲布尊丹巴、三个大汗向南跑到康熙这儿来求援。北方相当紧张。这个时候康熙发兵，在乌兰布通把噶尔丹打得大败，噶尔丹跑到外蒙。当时的行军很困难，清军进不了外蒙，双方相持了很长时间。直到乾隆元年噶尔丹病死，这场持续了七八年的战争才告一段落。但准噶尔汗国的问题并不是那么轻易解决得了的，虽然它往南攻打北京的威胁解除了（乌兰布通离北京只有400千米），但是它的老窝伊犁仍然被噶尔丹的侄子策妄阿拉布坦占领，清朝跟策妄阿拉布坦时战时和。策妄阿拉布坦曾经派军队进入西藏，所以康熙末年有一场援藏战争。那场战争一开始清军也是全军覆没，后来派十四皇子允禵去，还有岳钟琪、年羹尧，他们也都是在那场战争中崭露头角的。雍正时又在外蒙古发生和通泊战役、光显寺战役。和通泊战役中清朝军队几乎全军覆没，双方打了平手。乾隆初年开始讲和，以阿尔泰山为界。乾隆十年（1745），噶尔丹策零死掉，他是准噶尔汗国比较英明的领袖。他死后准噶尔内讧，达瓦齐上台，排斥异己，准噶尔很多人跑到内地投奔乾隆，这给了乾隆一个千载难逢的时机。说实在的，当时准噶尔汗国要是不内讧，清朝政府就无法统一。因为当时到新疆去打仗谈何容易，没有先进的交通工具，靠马、靠步行，粮食也很难运输，当时也想办法商运粮食，在北京一两银子可以买到的一石米，运到那边要十七八两银子，开销很大，仗没法打。所以乾隆看到准噶尔内讧，决定平准，把来投奔的人都派回去，让他们自己打自己。出兵时朝廷的许多大臣都反对，乾隆说所有的人都反对我平准，说这是劳师无功。特别是刘统勋，这个人是迂夫子，他说没有粮食。那时还顾得了粮食啊，你进去吃人家的呀，因地就粮。他说粮食要准备3年，3年之后时机早就过去了，你打什么仗啊！清朝就是这样进入新疆，而且先锋就是那些投降过来的人马，主要是阿睦尔撒纳。进入新疆后，清朝军队因为粮食跟不上，所以一进伊犁，把达瓦齐抓住后，清军马上撤退，只留了几百人。于是准噶尔又重新起来反抗，把驻守的军队都杀掉，这就有了第二次平准。这中间的曲折我就不说了。平下来以后，打大小和卓就顺理成章，比较容易了。这样，我们才实现了国家的统一，奠定了中国的版图。不经过这些战役，国家的统一就难以实现。在当时的新疆，蒙古人是主要的，由于他们反复叛乱，乾隆非常恼火，采取了屠杀政策，应该说这是一种民族灭绝政策。可见战争是血腥残酷的，进步的事业也是要用残酷的代价换来的，绝没有什么仁慈之师。乾隆不好说把他们都屠杀，他叫“办理”，把这个人给“办理”了。他要求进关“办理”，不要在新疆杀掉。他的这场战争我们肯定是进步的，没有这场战争，中国统一不了，但是这场统一战争付出很惨痛的、血腥的代价。这些我们将来写的时候都要表现出来，不能说好就都是好的，什么缺点也没有。

康熙在北方打仗的同时，还抓中原地区的经济恢复。康熙中叶以后特别注意这方面：治河，治黄河不惜工本；垦荒，因为经过大战乱后人死得多，没有人种地，把荒了的田地都垦出来；北方是挖井，雍正时光陕西一省就挖了5万口井。平定三藩后，一百年没有战争，经济能够恢复、发展，这是首要和根本的条件。中原地区长期安定为康雍乾盛世创造了条件，所以康雍乾盛世包括两个方面：一个是统一，一个是经济。这是第三卷康雍乾前期的重点内容。

第四卷　雍正改革和乾隆统一全国（1723—1776）

康熙后期问题也多了。一方面儿子太多，20多个儿子抢帝位抢得一塌糊涂，抢得康熙都哭，太子立了又废，废了又立，闹得很厉害；另一方面官员贪污，吏治败坏。康熙时的官饷很少，也是低薪制，三藩之乱时全国知县不发俸银，要自己想办法养活自己，于是搜刮加剧，后来逐渐好转。雍正上台，我们不管他是合法的还是非法的，对此学术界分歧很大。我认为他是非法的，但他上台后确实是厉行改革，严厉惩治贪官，成立会考府，就像我们今天的反贪污办公室。雍正还从制度上进行整顿，实行高薪，耗羡归公，设养廉银等。没有雍正的改革，乾隆难以为继，所以应当肯定雍正的功劳。虽然雍正与准噶尔打仗时，没有打大胜仗，但是他在改革内务上很有成绩。雍正以后，国库的存银逐渐增加，国家有钱了。

第四卷从雍正上台一直到乾隆四十多年，这一段是康雍乾盛世的后期，也是最高峰。一个是乾隆二十年（1755）以后两次平准，一次平回（维吾尔），完成全国的统一，这是中国历史上极大的功绩。经济上又继承了康熙的有关政策，军事上向周边移民。中国从康雍乾开始移民的方向不一样了，中国从前历史上的移民都是从北向南——从黄河流域向长江流域、从长江流域向珠江流域移民。康雍乾时期人口极度增加，移民向四面八方移动，中原地区是核心，向南移民、向西移民，很多新疆移民就是从这个时候开始的，还向东北移民。东北在清初时人口极少，南怀仁记载他跟康熙到松花江去，一过铁岭，全是大森林，蔽天遮日，铁岭在辽宁省，吉林、黑龙江也都是大森林、大沼泽地，所以生态环境清朝一朝破坏得很厉害，森林都被烧光了。所以我们有一卷生态志，要写一写生态环境的破坏，这个工作是很艰巨的。农业上，乾隆大兴水利，有一次黄河青龙冈决口，花了两年才堵上口子，用了半年的全国财政收入，不惜工本。清朝皇帝十分注重农业、关心农业，档案馆里保存着粮价雨水条子，每一年每个月各个县都要上报各地下雨几寸，粮食价格多少，大豆多少钱，米多少钱，小麦多少钱。我想把这部分档案全部整理出来，这是大范围的经济和气象资料，全世界没有这么大范围、长时间的资料，这都是最珍贵的历史资料。乾隆时期经济上的繁荣可以说达到了历史上的最高水平。明朝以前，中国历史上的人口记录最高没有超过8000万人，当然实际人口可能达到甚至超过了1亿。清朝就不一样，乾隆六年（1741）人口为1亿4000多万，这是正式统计，比较准确，乾隆末年人口3亿，道光时有4亿，道光以后一直打仗，到民国时期也没有增加。明朝以前，中国粮食的生产能养活不到1亿人，到乾隆时养活3亿，粮食生产增加1倍多，这还不算历史上最高水平吗？农业国的经济就是看农业生产，粮食生产多了就说明经济发展水平高。我认为清朝的经济发展水平超过汉唐。唐朝是5000万人口，汉朝最多是6000万人口，只能生产养活这么多人的粮食，而清朝有养活3亿多人的粮食，所以经济发展水平肯定超过汉唐。在世界上有两种统计：一种说当时中国的农业产量占全世界的32%，比当时全欧洲生产的粮食还多；还有一种说法是占当时全世界的24%，差不多占四分之一。究竟哪一种准确，我现在也没法判断，将来我们写的时候能不能把它搞清楚？究竟当年的GDP是多少，这个工作也是比较难的，但不妨做一做。当时清朝确实达到了一个很高的水平，工农业的产值全部超过当时的欧洲，就是当时的英国、法国、德国、俄罗斯等加起来还赶不上一个当时的中国。当然那时它们的人也比较少，全欧洲的人口到不了3亿，特别是英国、法国，人均生产水平比我们高、生活水平比我们高、劳动生产率比我们高，走在我们前面，但是那时它们还没有经过产业革命，产量的增加还很有限。当时中国可以说是全世界的经济大国，这个资料是我从肯尼迪的名著《大国的兴衰》上找到的，他说的也不一定可靠、准确，但他是有根据的，是引用了一个统计学家的研究。

为什么中国有康雍乾盛世的到来？一个是当时的世界潮流，中外的接触增加了。尽管中国当时实行闭关政策，不和外国接触，但是实际上做生意的商人、传教士到中国来得很多了；中外贸易也达到很高水平，丝茶出口量很大，白银大量输入。最近有一本书《白银资本》，说当时全世界有二分之一的白银输入到中国来了，中国的贸易量大大增加，跟以前大不相同了。另外，雍正改革也使得国内政治、经济各方面的制度有所改进。但是所谓盛世繁荣，不能光看到盛世，不能光看到繁荣，要看到繁荣下面掩盖的阴暗。如果跟当时世界的其他国家相比较，虽然我们国家的GDP相当高，但是我们仍然是封建国家，仍然是小农经济的汪洋大海，仍然是牢不可破的专制主义，传统的阻力非常大，难以前进。所以，尽管GDP相当高，但后续的发展劲头就差了，表现在专制政治太强大，人民没有权利，不像欧洲出现了市民阶级，掌握了一部分权利，逐渐向中产阶级发展。另一个是闭关自守。全国人民不了解世界是怎么回事，虽然已经与世界开展了规模相当大的交流，但是不允许老百姓接触外国人，比方洪仁辉的案件。洪仁辉跑到北京去告状，他本人没有被杀掉，给他写状子的汉人倒被杀掉了，就是不允许中国人与外国人接触，妄自尊大，觉得我是天朝上国，你们都是蛮夷小邦。再一个是重农轻商，重视农业，轻视工商业，不保护、不奖励工商业。特别是思想统治上的高压政策，“文字狱”搞得大家都不敢谈现实，不敢谈政治，不敢谈进步，不敢谈自由，也没有自由。另外轻视科学，科学技术被认为是奇技淫巧。这样一些阴暗的东西阻碍着中国前进，使中国没有持续前进的动力。而当时西方的英国，生产发展阶段是处在从一个社会进入另一个社会的上升时期，朝气蓬勃，一日千里。中国却停滞在那里。所以康雍乾是发展到高峰，又跌落下来，也必然要跌落下来。存在这样一些问题而不能解决，就无法突破封建制度的框框。

那么，当时中国有没有前进的可能呢？也不能说没有。因为历史就是不断给人们提供选择的机会，就看你怎么选择。当然，如何选择也不完全决定于主观的因素，也决定于客观氛围、环境、条件。清朝有选择的机会，譬如闭关政策。由于闭关政策，中国人被限制不能出洋，不能了解外国，但是也不是说没有机会突破。乾隆二十四年（1759），洪仁辉上北京告状，告广州海关官员贪污，他要求多开口岸——当时是广州一口通商，别的地方不能做交易，他要求在宁波、厦门等地方做交易。当时清朝也讨论过这个问题，要求督抚们上书，讨论能不能多开放口岸。有的官吏主张多开放，大部分官吏主张不要开放，特别是广州的官吏反对开放别的地方，因为开放了别的地方，广州的生意就少了，所以两广总督杨应琚坚决反对。乾隆在犹豫，他觉得开的话跟广州税收一样，可能好一点。最后讨论的结果是没有开放。这是一种选择的机会。科举制度也是如此。当时很多人觉得科举制度很不好。当时的小说《儒林外史》《红楼梦》《聊斋志异》都反对科举制度，包括许多大官都说科举制度不好。但是改革不了。舒赫德曾经上奏折提出取消科举，后来被鄂尔泰驳斥。这个问题引起过争论，乾隆皇帝也没有改革。如果舒赫德的意见占了上风，真正能把科举改一改，或者能把通商的口岸多开一点，跟外国多接触，对中国是不是有好处，当然今天很难说，我们也不能注重历史假设。但不管怎样，它是有机会选择前进的，清朝没有前进，就是历史的惰性。所以，传统既是我们宝贵的财富，也是我们沉重的负担。背着一个很长远的传统，往往改革和前进是比较困难的。这是第四卷康雍乾盛世。

第五卷　清朝中衰（1777—1839）

1776年金川战争结束。金川战争从性质上讲，也是一场统一战争，但是它和平准、平回的意义不可同日而语，因为它是内地四川的割据势力挡住四川进入西藏的道路，所以不平金川就不能很通畅地进入西藏，虽然它是规模最大的战争，花了7000万两银子，打的时间很长，花的力气最大，但实际上金川只有5万人，清朝出动了十几万军队，战争得不偿失。金川战争结束，统一的任务完成。就在这个时候，发生临清的王伦起义，这是中原地区第一次大规模的农民起义。中原地区太平了一百年，到这个时候又掀起农民起义，表明国内固有的阶级矛盾激化，土地兼并严重，到1796年，也就是乾隆禅位的第二年，爆发了白莲教起义。白莲教起义后，起义连续不断，南方是天地会起义，北方是林清、李文成起义，以及各教门的起义，一直到太平天国。外国势力也越来越进入中国，1793年马嘎尔尼使团来华，20年以后又有阿美士德使团来华。中国那时在对外贸易上始终保持着顺差，外国人的白银输入中国，购买丝茶等，他们没有什么东西能够运到中国来卖，开拓不了市场，这时就开始输入鸦片了。一下子，鸦片泛滥。这个时候，中国越来越落后于世界了，也没有机会打开国门来看一看世界，甚至最先进的知识分子也不了解外国是什么情况，英吉利是个大国，它究竟在什么地方，有多大，谁也不清楚。这样，终于在1840年爆发鸦片战争。落后就要吃亏，落后就要挨打，历史又进入新的阶段。第五卷乾隆后期到嘉道，这一段中国的发展处在停滞时期，又困于矛盾之中，内部的矛盾就是农民起义，外部的矛盾就是外国越来越进逼中国，而且已经用大量的鸦片输入来撞击你的大门。

第六卷　外国武装侵略和国内农民战争（1840—1864）

第六卷的内容进入近代，从鸦片战争到太平天国被镇压。这一段对清朝来说是沉重的打击。矛盾爆发，清朝面临着大危机、大灾难，一个是太平天国占了南中国的很多地区，一个是英法联军占了北京，火烧圆明园，咸丰皇帝逃到热河，南北夹攻，眼看着清朝就要灭亡了。这个时候清朝极端危险，没有在这个时候灭亡真是个侥幸。历史发展出人意料，为什么清朝能够死而复生呢？能够支持过去，还能恢复过来呢？恐怕有三个原因。第一个原因，太平天国的迅速腐败。1856年杨韦内讧，韦昌辉杀掉杨秀清，不仅杀掉一个人，而且把杨秀清的部属几万人杀掉，这些人都是广西来的老战士；反过来，洪秀全又杀掉韦昌辉，石达开又带兵跑掉。这样一下子，太平天国元气大伤。本来从金田起义以来，太平军势如破竹到了南京，南京几年也是形势非常好，就在形势很好的时候，爆发了这场内讧，使太平天国元气大伤。所以太平天国不可能抓住历史的时机打败清朝，到了1860年第二次英法联军战争的时候，太平天国没有恢复元气，不可能再北伐。第二个原因，英法侵略者的态度改变。他们在鸦片战争的时候是打清朝，到了第二次鸦片战争就是既打清朝又帮清朝了。他们要在中国搞一个统治的工具，所以从打到扶有一个策略上的转变，扶持清朝来对付太平军。当然他们开始也想扶持太平军，后来没有扶成，这一点就不说了。第三个原因是国内汉族地主阶级的崛起，也就是湘淮军的崛起。太平天国战争中，向荣的江南大营崩溃以后，清朝的整个军事体系已经被摧毁了，八旗军不行，绿营兵也不行，清朝就是靠着湘淮军，曾国藩、李鸿章、左宗棠这些人，取代了满族的八旗以及绿营。由于这样的三个原因，清朝死而复苏，又能够恢复元气，把太平天国打下去。从此形势发生了根本性的变化，跟鸦片战争前的形势完全不同。

最大的不同就是外国势力的入侵，中国社会上不再是地主和农民两支力量，还增加了一支外国侵略势力。从此中国社会产生了两个任务。第一个任务是抵抗外国的武装入侵，外国欺负你，你必须进行抵抗。当然由于力量悬殊，打不过外国，事实确是如此。但打不过也必须抵抗，因为妥协就更没有出路，妥协、求和，列强还是要欺负你，战争的性质就决定了这一点，它是一场侵略战争。人家要打你，你不抵抗也躲不开这场战争，而且如果不抵抗，你的民族精神就萎缩，就失去了民族的信心，失去了民族的尊严和凝聚力，就很危险了。进行抵抗，则可能在抵抗中得到锻炼、得到成长。为什么说近代的主和派误国，就是上述原因，我的看法不一定对。李鸿章打日本也是这样一种情况，当时确实是打不过日本，但不打不行，日本要打你。对日本而言，不打败中国就起不来，就不会成为一个资本主义国家，只有打败中国，从中勒索很多赔款、土地，它才能够得到原始资本积累。所以日本非要打中国不可，你没法退让。当然李鸿章也有他的考虑，他觉得不打，请别的国家调停是不是也可以，历史证明这条道路是走不通的，必须抵抗。妥协之后，不仅要赔款，还要割地，而且失去了你的民族的信心和尊严，这更危险。这是一个任务——反对外国侵略，这个任务一直延续下来，可以说是从清朝中叶一直延续下来的。第二个任务就是必须要向侵略者学习。这就矛盾得很，要抵抗侵略就必须要向它学习，要“师夷长技以制夷”，否则无法抵抗。学习先进的事物、先进的文化、先进的制度，学习西方，实现近代化，就是近代化的任务。一个是抵抗外国侵略，争取民族独立的任务；一个是实现近代化的任务，这两个任务一直到现在还是有效的，还是这两个任务的延续。当然形势都不一样了，但这两个任务从这个时候就开始产生。不学习就不能前进，不学习外国长处，抵抗就会不断失败，而且你的爱国行为、抵抗行为就会转化为盲目的排外，正义的、爱国的抵抗就会变成非正义的、排外的屠杀。义和团就是这样，抵制侵略发展到对一切外国人不分青红皂白地屠杀，本来正义的反抗，就变成了非理性的行动。所以，从此抵抗外国侵略和向外国学习的任务一直贯穿于中国历史中。

第七卷　清朝自强运动及其失败（1865—1895）

从太平天国失败到甲午战争失败，这30年的历史就是洋务运动。这个时候中国面临3000年未有之大变局，社会的各种事物都在变，外国势力进入中国后，整个封建社会向半封建半殖民地社会转变，各种事物和人都在变化。

洋务运动的历史，充满着外国的侵略，也充满着和外国的谈判、交涉、妥协、反抗。19世纪六七十年代，发生修约热潮，通过修改条约进一步侵略中国；又发生很多教案，天津教案、浏阳教案等；接着发生马嘉理事件，马嘉理在云南被杀，中英在烟台进行谈判；接着是琉球交涉，日本侵占琉球，就是现在的冲绳；接着是伊犁交涉，俄国侵占了伊犁，中俄剑拔弩张，几乎打起来。19世纪80年代，中国与法国在安南（现在的越南）发生战争；跟日本在朝鲜引起冲突。一件事情接着一件事情。在此中间，清朝也还有抵抗的一面，所以它也要整顿武备，也要学习外国，建立北洋海军。北洋海军当时在全世界是名列前茅的，日本的舰队开始赶不上北洋海军，到甲午战争前夕才赶上了。但是，清政府跟外国也有妥协的一面，好多仗都没有打起来，只有中法战争打起来，虽然中国战胜了，但结果订了一个屈辱的条约。无论抵抗还是妥协，都不可能胜利。因为胜利与否决定于国家的实力，我们国家的实力不行。但在抵抗中间还有希望，还能够得到锻炼和成长，所以反侵略的任务演变得越来越艰巨。

另外，学习西方、实现近代化的任务提上日程，这个任务和反侵略的任务同样重要。清朝开始认识到西方的船坚炮利，于是学习开兵工厂，开了上海、南京、天津、福建四大兵工厂，跟着开办轮船招商局、开平煤矿、上海织布局、漠河金矿等。工厂、铁路、矿山、轮船带来了军事上的利益和经济上的利益。同时又急需人才，因为开工厂邀请外国工程师，但没有翻译，于是开同文馆，开船政学堂，送学生到美国去留学。詹天佑、唐绍仪等第一批留学生送出去时都是12岁的小孩，准备学9年的。又组建北洋海军。中国在近代化的道路上迈开了步伐。但是，中国的传统力量太大，顽固派的势力太强大，要创新，要改革，但阻力重重，非常困难，每走一步都要碰到顽固派的反对。这30年的历史，如果仔细看看那些资料真是令人长叹。轮船招商局，开办以后不久就遭到弹劾，1873年开办，1874年就弹章山积，那些御史骂轮船招商局贪污，骂李鸿章，总算李鸿章顶住了他们的弹劾，但轮船不准开到他们的地方，湖南就不准轮船开进去。北京要开同文馆，招收一批科举出身的高级人才进馆学习外国语言文字，结果大街小巷的揭帖多得不得了。以大学士倭仁为首，骂奕䜣“用夷变夏”。奕䜣没办法，上奏折请倭仁来管同文馆。皇帝下谕旨让倭仁来管，倭仁故意从骑的马上掉下去，说受伤了要休养，不能管了。招科举出身的人也没有招上来，所有科举出身的人员全部抵制，科举出身的人员都是中国的精英，结果没有一个人来考，同文馆凄凄凉凉。留美学生派了12岁的小孩去，准备学9年，到了5年都撤回来了。为什么呢？说这些孩子在外国辫子也剪掉了，也穿了西装了，有的从了基督教，每周去做礼拜。那些官僚一看，这还得了！他们没学完就被撤回来了。当时容闳、李鸿章都反对撤回，但挡不住。造铁路争论了10年，从刘铭传、李鸿章开始上书要建铁路，争论了整整10年。朝廷里一片反对之声，说铁路一开要轧死人、破坏风水、造成很多挑夫小贩失业，等等。李鸿章在唐山到胥各庄之间开了一条十几里的铁路运煤，开始不敢用蒸汽机，在轨道上用马拉。可见阻力之大，难以想象。后来为了说服西太后，在中南海到北海之间修了一条铁路，现在档案都还在。我觉得西太后是李鸿章的学生，李鸿章教她学习外国，很多事情李鸿章也是在西太后的支持下才能进行下去，否则在全社会没有多少人赞成的情况下是进行不下去的。洋务运动搞了30年，有几个科举人员出来干洋务？没有。风气闭塞，开风气是非常之难，老牛破车，中国的传统势力太强大，传统的包袱太沉重，一下子甩不掉。

中国是这样，日本却抓住了历史机遇。日本和中国一样也是一个封建国家，但是它的包袱比较小，比较早地接受了西学。它的明治维新跟我们洋务运动是同时起步，但它走得快。

日本也派留学生，伊藤博文等一大批一大批地派出去；也开工厂，比洋务运动的煤矿、轮船招商局开得还晚。但到甲午战争以前，日本已经开了国会，成立了议会，制定了宪法，30年时间走在了中国前头。当时的历史形势就是这样，中国和日本在竞赛，谁走在前头谁就上来了。如果当时中国打败了日本，中国就上去了，日本上不去；反之日本打败中国，中国就上不去，日本上去了，这是一个你死我活的竞赛。中国就是由于老牛破车，走得慢，结果甲午战争一再失败，割地赔款，把台湾割走，本来辽东半岛也割走了，旅顺、大连是三国干涉还辽，花了3000万两银子赎回来的。甲午战争赔款两亿，相当于当时日本6年的财政收入，日本把这些钱用来扩大军队、开军工厂、搞教育、建铁路，一下子上去了。在那样的世界里，中国落后，就要受人家的欺负、蹂躏。

第八卷　清末改革和清朝覆亡（1896—1912）

这一段从甲午战争以后，一直到清朝灭亡。甲午战争以后，列强瓜分中国，日本割去台湾，别的国家跟着效仿，争先恐后，德国分走山东，俄国分走旅顺、大连，英国分走长江流域，法国分走华南，都来瓜分中国。甲午战争和当时瓜分中国的局面促使了中华民族的觉醒，反对割台的声浪惊天动地，台湾的老百姓、北京的举人都强烈反对，这是中国群众运动的开始。接着就是戊戌变法。戊戌变法时中国也是封建力量太强大，维新力量太弱小。要改革科举，当时的知识分子都是靠科举上去做官当老爷的，把这个生路断了，他们干吗？所以要废止科举很难。要改革军队，裁军，也是闹了几十年，洋务运动的时候就说要裁军，各省的督抚纷纷反对。要把旧的军队裁掉，另外拿钱去练新军，新军归你们管，哪个总督、巡抚肯干呢？士兵也不干，军队裁员后他们就失业了。要办教育、开学堂，当地的士绅都不同意，说把外国的东西都弄进来了。连和尚、道士都不干，因为要搞学堂，一般都是把庙宇改成学堂。要裁冗员，精简机构，北京城的官吏都反对。所以反对的力量太大，维新派只有几个知识分子，既没有军队，也没有群众，怎么能够胜利？当年，器物层面的改革，就是轮船、枪炮、铁路、火车等，逐渐显露出好处来，人们可以接受了，但是，制度层面上的改革，思想层面上的改革，人们不接受。什么叫立宪，什么叫宪法，什么叫民权？人们都不知道，只认为纲常伦理至高无上。所以维新派被孤立，结果慈禧太后发动政变。当然政变里也有一个策略的原因。当时维新派走投无路，就想包围颐和园劫持慈禧太后。本来我们认为这个事情可能是袁世凯告密造谣，现在看来实有其事。在日本发现了毕永年的日记，记载了“围园劫后”的详细情况。维新派想孤注一掷，劫持慈禧太后，让光绪帝出来下命令硬干。即使这件事成功也不行，因为当时的阻力太大了，何况当时没有成功，所以慈禧太后一个谕令，维新派人头落地，六君子牺牲。

戊戌变法是清朝挽救自己的最后一个机会，虽然这个机会成功的可能性不大，但是错过了这个机会，清朝走向灭亡就不可避免。清朝只能走向灭亡，没有第二条路。所以戊戌变法以后，特别是义和团以后，社会上的精英分子很快站到清朝的对立面，很快走向革命。孙中山在成立兴中会的时候感叹没有人跟着他走，当时人们都是跟着清朝走。于是孙中山本人开始向李鸿章上书，想革新，后来他才觉悟要进行革命。到了戊戌变法、义和团的时候，还有很多人想跟着清朝走，但是戊戌变法、义和团失败后，很多人很快地转向革命。所以，20世纪中国革命的潮流汹涌澎湃，势不可挡。历史证明，在中国这样的国家，要改革几千年的传统，阻力非常大，只有各种社会力量汇合起来，和旧势力决一死战，才能够冲破这种阻力。所以中国革命的形成，从某种意义上说，是旧势力强大的反应和刺激。所以革命是客观形成的，而不是谁制造出来的，某个革命制造革命是不可能的。孙中山当年在兴中会时感慨没有人跟他革命，到了20世纪，人一下子都来了，是整个客观形势的变化。

有一种论调是“告别革命”。我说革命是告别不了的，你要跟它告别，它还会来找你，要想跟它告别，你就会变成反革命，康有为就是典型。康有为本来是进步分子，但他不愿意革命，结果他变成保皇派，后来张勋复辟时，他变成复辟派，成为反革命。告别革命就成为反革命，这是客观的历史形势，不是任何人制造出来的。历史形势的发展表明，中国这样的情况不可能走英国、日本那样的道路，必须要用积聚的全部社会力量打破旧的反抗，历史才能前进。把社会力量积聚起来，这就是一种革命形势。义和团本来是在民族危机下农民自发的爱国运动，但是它排斥新事物，笼统地反对西方，拔电线杆，拆铁路，杀“大毛子”“二毛子”，不加区别地对外国人滥施屠杀，变成一种盲目的、失掉理性的排外运动，这也是一种历史的悲哀，最后和慈禧太后这样的守旧势力合流，跟8个世界上最强大的国家宣战，失败是必然的。后来清朝搞新政、搞立宪，想在这样的形势之下最后挽救自己，但是为时已晚，时机已经过去。历史就是这样，时机过去就不会再来的，形势已经整个改变了。戊戌变法时没有这种群众的革命形势，到新政时革命形势已经起来了，人民已经不允许你再搞了，内外矛盾更加激化、复杂，清政府在人民心目中完全失去了威望和尊严，成为一个卖国政府。革命派的势力抬头，孙中山的威望上来了。同时，在新经济、新文化之下发展起来的立宪派希望通过立宪限制专制的权力，争取到个人的发展，清朝也不愿意把权力给它。还有汉族的袁世凯这些人，也跟清朝闹矛盾，结果被以足疾开缺回籍。所以清朝的最后几年满族亲贵搞集权、搞皇族内阁时，全国一片反对的声浪，人民反对它，革命派反对它，立宪派反对它，连汉族地主也反对它，你说它还能有活路吗？可以说是众叛亲离。所以武昌起义一声枪响，全国响应。孙中山在外国都不知道此事，是在火车上看到报纸才知道，武昌起义也不是同盟会有计划的行动。革命到时候就要爆发，没人领导它都会起来，不可避免。所以登高一呼，各地响应独立，清朝对中国268年的统治土崩瓦解，清朝就此灭亡。清朝灭亡是政治上的一件大事，结束了2000多年的封建专制，开创了共和国，这是中国人民一个伟大的胜利、伟大的前进。

三

以上简述了清朝近300年的历史，这是一个轮廓，一个主线，作为贯穿新修《清史》全书的线索。但是，很简单、很粗糙、很不全面、很不深刻，希望大家讨论、指正，看看这样的线索行不行。历史本身是生动丰富的，近300年的清朝历史像一条万里长江，源远流长、波澜壮阔、气象万千、雄伟壮观，你怎么样来认识它？怎么样来认识长江的真面目？你不能把长江的某一个河段、某个景点、某个港湾看作长江，三峡虽然宏伟，但它只是长江的一部分，不是长江的全部，因此你只能把它浓缩，才能看清它的全貌，浓缩到画在地图上的一条线。虽然长江的本来面貌不是一条蚯蚓般的小线，但只有浓缩到地图上的长江，我们才能看到它的源头、它的入海口、它流经的省份和城市、它接受的支流，也能相对看清它的漫长曲折，看清何处它是奔流的，何处它是拐弯的，等等。从这个意义上来讲，在地图上的长江最接近于长江的全貌。为了认识全貌，浓缩是必要的。我不自量力，把近300年的历史画了一条线，画得像不像，希望同志们指正。因为我们写《清史》必须要贯穿一条主线，必须要有鸟瞰式的全景，必须要浑然一体。我阐述前8卷的内容，用意就在这里，就是使我们将来写出来的东西不至于支离破碎，有一条主线来贯穿，至于这条主线是否合适，还请各方专家、学者多加批评、指正。

（2003年6月4日在《清史》会议上讲述，发表于《社会科学战线》2005年第5期）

在《清史·通纪》工作研讨会上的讲话

今天的会议是《通纪》立项的筹备会议。通纪是整个《清史》最重要的部分，记载近300年清朝的全部历史，包括政治、经济、文化等各个方面的重大事件，有300多万字，占全书篇幅的十分之一。《通纪》既要展示近300年清朝历史的全貌，也会展示我们对清朝近300年历史的一些观点、一些评论，全书其他部分如《典志》《传记》《史表》《图录》等都要围绕着《通纪》为核心，以它为纲。

《通纪》也是全书最受关注的部分，整个《清史》工程搞得好，还是搞得不好，就要看这8卷。现在已经有很多清代通史，写得各有特色、各有千秋，那么如何在它们的基础上有所前进、有所创新呢？这是我们最关心的问题。将来一般人看《清史》，不会看所有的3000万字，3000万字太多了，一般人看不了。他看的可能就是300万字的《通纪》。有的同志说，你这个3000万字《清史》写出来谁看，说得也对，3000万字《清史》一般同志看不了，他们建议将来写成缩本。我说也不用写缩本，《通纪》本身就是缩本，因此，《通纪》的质量一定要是精品，要反映我们这个时代的水平，要经得住检验。

《通纪》部分首先要求观点明确，第二个要求史料丰富准确，第三个要求结构严谨合理，最后是文字要简明流畅，有可读性。我相信经过大家的努力，经过几年的奋斗，这部书会写好，会有所创新。正因为对这部书的质量要求很高，所以邀请主持人是经过再三的长期考虑，你们几位专家都是我们诚心诚意以礼聘请，各位都是年富力强，写作经验丰富，学术水平高，具有独立研究和创造能力，能把你们邀请来参加《通纪》的写作，我个人感到非常荣幸，很不容易，也感觉很骄傲。

去年，我曾经专门在一次会议上讲了讲《通纪》的内容，按照8卷的内容一卷一卷地讲，因为写《通纪》总要有个贯穿全书的线索，我试图提出这样一个线索，由于时间限制不可能全面展开讲，讲得非常肤浅，内容也难免片面，观点也不一定对，可以讨论，今天我还是先发个言，不对的地方请同志们指教。

第一，是对清朝历史的定位。估计这近300年在整个中国历史中的地位，它的成败、得失如何？在这个历史阶段，中国社会达到了什么？没有达到什么？有什么成绩？有什么失误？给我们留下了什么样的遗产？留下了什么样的问题？可以总结出什么经验教训？对清史定位，不是我们才开始做的，前人已经做过。《清史稿》就有自己的定位，它的定位是清朝天子是圣明的，造福苍生，功德无量，总之是歌颂。辛亥革命年间的革命党人也有个定位，他们的定位是清朝统治是一个血腥的、残暴的、不平等的、不合理的、腐败的、落后的统治，要推翻它。这跟《清史稿》的定位是完全不同的。辛亥革命党人这样评价是合理的、正当的，因为当时清王朝确实十分腐败，不推翻它，中国就不能得救。站在推翻清王朝的立场上，当然要尽情揭露它的黑暗面。中华人民共和国成立以后，对清史研究较少，但对近代这部分研究得较多，认为当时是落后、屈辱、封闭的社会，研究角度是反帝反封建，反对清朝统治，反对它的专制和卖国，因此对清朝的评价都是负面的。改革开放以后，研究的人多起来，钻研逐步深入，对清史才有一个较全面的认识，开始看到清代社会积极的因素和正面的东西。所以，以前的定位，不能说不准确，但他们都只抓住了一个方面，强调和夸大了负面的东西。这是时代所决定的。每个人都是时代的人，都有他的时代性，他在这个时代所看到的和感受到的方面，表现了他所处时代的特点。现在是21世纪，是新世纪了，我想我们这部书应该反映新世纪的观点。每个时代的人都有他的时代局限性，都会有看不到的东西，我们也是一样。我们现在能看到上个世纪人们对清史研究的局限性，我们今天也同样有局限性，假如再过一个世纪，人们同样会看到我们的局限性。我们的工作就是在今天这个时代重新反思近300年中华民族走过的路程，我想每个不同时代的人对过去的历史都会重新反思，得出某些以前人们所看不到的东西。

应该说，在清朝这段历史时期，中华民族走过了漫长曲折而又光荣艰难的路程，既有光辉的历史事迹，也有悲惨屈辱的遭遇，既有不幸的痛楚和苦难，也有执着的追求和对未来的希望。这些我们都应该看到。满族，开始只是个少数民族、一个小部落，13副遗甲起兵，刚刚崛起的时候人非常少，但充满朝气，具有英勇的、团结的、奋斗的民族精神，故能在很短的时间里统一了女真各部，统一了东北，这时正好李自成起义进京，满族抓住这个历史时机，进入北京，并很快挥师南下，渡过长江，可以说无攻不克、无坚不摧。应该说，当时的满族确实是一个有朝气的群体。中国历史上，在游牧民族与农耕民族对抗的过程中，游牧民族强大的时候，可以打到中国北方，甚至占领中原，但是很少能够越过长江。清朝不同，不仅越过长江，统治了长江以南的地区，而且接着巩固了统治，这在以前是没有的。魏晋南北朝时期，中国南北对立，南宋时期也是南北对立，只有蒙古族渡过长江，但蒙古族也是经过很长时间才灭南宋，而清朝很快就统一了长江以南。当然在征服战争中发生了严重的暴力行为，杀戮了许多汉民，应予谴责。这是民族融合和国家统一进程中难以避免的，历史的进步常常要付出沉重的代价。清朝到了康熙平定三藩、收复台湾以后，历史又发生了转折。北方的问题严重了，俄罗斯向东扩张，蒙古也有叛乱，尤其是准噶尔的割据势力，对清朝统治形成重大的威胁。所以，康熙在解决南方以后，马上把战略重点放到北方，亲自去巡视松花江，布置北方防务，抵抗俄国入侵，签订《尼布楚条约》，又用全力对付当时威胁最大的敌人准噶尔蒙古的噶尔丹。经过康雍乾三代前后70余年的长期战争，时和时战，最后平定准噶尔和回部，统一了全中国，包括蒙古、新疆、西藏、云、贵、川，奠定了中国的版图，这是非常伟大的成绩，前人留给了我们版图广阔的遗产。

在经济上，康熙从他年轻时就将平三藩、解决漕运、治理黄河写在宫里的柱子上，念念不忘。在治理边疆的同时，他在中原地区休养生息，兴修水利，发展生产，奖励垦荒，轻徭薄赋。我们现在减收农业税，康熙那时也曾六年不收农业税，乾隆时期也是六年全不征税，结果生产突飞猛进。康雍乾三世生产发展到什么程度，我们要进行总体上的估计，当然很难有精确的数字。应该说，当时的生产力达到了中国历史上的最高峰，远远超过汉朝、唐朝。从人口上来看，汉朝、唐朝的人口，在记录数字上没有超过8000万，实际人口可能达到了1亿或者1亿以上，但是乾隆初年的统计是1亿6000万，乾隆末年达到3亿，道光朝是4亿，这个人口数量一直持续到新中国成立时。要养活4亿人口，就需要相应数量的粮食，由此可见乾嘉时期的农业生产力达到了中国历史的最高峰。有学者认为，18世纪中叶中国的GDP相当于世界的三分之一，与占世界人口的比例相当，当时整个欧洲的人口也没有中国人口多，因此从国民生产总值来说中国应是世界第一。当然，18世纪的中国社会也延续了历史上许多致命的弱点。一是2000多年的封建专制制度，人民没有权利。一是闭塞守旧，故步自封，不了解世界，当时最先进的知识分子也不了解国外的情况，不知道国外有什么好东西，有什么先进的东西。在这种情况下，当时的中国故步自封，没有进取心，没有改革的愿望和改革的动力，而且轻视科学，不重视自然科学的研究。由于这些致命的弱点，因此在18世纪后期即欧洲经过产业革命以后，中国很快就落后了，而且是越来越落后。据国外的统计，在18世纪中叶中国GDP占世界总量的30％左右，到19世纪20年代下降到20％左右，到了义和团时候只占6％左右。这个统计可能不精确，但整个下降趋势是显然的。落后就会挨打，后来接连是鸦片战争、英法联军侵华、中法战争、中日战争、八国联军侵华，半个世纪内中国多少次挨打，受人欺负，每次都签订不平等条约，屈从外国侵略者的要求，人民生活在水深火热之中。可以说，19世纪的中国历史是一部伤心的历史、悲惨的历史。

中国变成了半殖民地，但也并不是没有希望，世界还在变化，中国人开始觉醒。甲午战争以后中国人迅速觉醒，有了抗争的意识，有了学习先进的意识，有了近代爱国主义的意识。觉醒、抗争、学习先进、爱国主义结合在一起，形成了推进晚清社会的大潮。尽管航路险恶，礁石遍布，但这股大潮浩浩荡荡，不可阻挡，它是拯救、复兴中国的伟大精神力量。与这股潮流同时出现的是阶级结构和社会群体的大变动。无产阶级、资产阶级、绅商，从事新式企业、交通、教育、报刊、医疗的人群以及学生新军应运而生，显示中国正开始艰难而奋勇地走上近代化的征程。所以这段历史也不全是灰溜溜的，中国有许多新的变化、新的转机，历史不可能永远沉沦下去，万劫不复。因此，清朝近300年既有强盛的时代、繁荣的时代，也有落后屈辱的时代，有起有伏，整个趋势是波浪式的变化。如果我们从明朝看起，明末内忧外患，李自成、张献忠起义，同时清朝满族兴起，到明朝灭亡，当时是“天崩地裂”的低谷时代。接着兴起了新的民族——满族，很快统一了全国。后来，发展生产，达到空前繁荣，经营边疆，设立行政机构，巩固边疆，远远超过前代。经济上也是远远超过前代。所以，经过明朝末年的低谷以后，很快走到18世纪的高峰。延续100年左右又很快往下跌，成了半殖民地。进入20世纪以后，各种新的力量兴起，民主革命开始，孙中山推翻了清政府。当然，孙中山以后帝国主义、封建主义还没有消灭，又经过了几十年的奋斗，新中国成立，中国人民重新站立起来。所以清朝近300年历史的发展是波浪式的推进，历尽艰辛苦难，经过风风雨雨，有胜利也有失败。清朝中国历史的发展不是个“超稳定结构”，其中有稳定也有不稳定，有进步也有退步，但也不是长期的停滞。现在我们一般说“宋朝以后中国衰落了”，我看不完全是这样。中国封建社会长期以来存在许多潜在的致命弱点，但并没有一下子显示出来，直到18世纪的清朝从整个国力来讲也不低于外国，GDP总量尚是世界第一。真正落后于外国是从18世纪开始，真正是直落千丈，一泻千里，所有潜在的弱点在外国力量的冲击下暴露无遗。而到晚清也不是全方位的黑暗，中国社会正在产生新的因素，有新的力量成长，也有追求和前进，也有这个时代的希望。

以上是我对清代中国历史的看法，我不知道这样定位准确不准确？我的看法不一定对，我讲出来向大家求教，看按照这个思路来写通纪行不行？或者要做什么样的修正？希望大家提出意见。总之，近3个世纪的清朝历史有兴、有盛、有衰、有亡，是很漫长的过程，是一个有规律的发展起伏的过程，我们的任务就是追踪这一过程，研究它，分析它，阐明它，把这段很贴近我们的历史如实呈现给读者。

第二，我们必须用辩证的思想去对待历史。清朝近300年是一个很漫长的错综复杂的历史，各种因素、各种关系相互交错，我们必须要用辩证法进行深入的理性思考，要充分估计到历史的复杂性。不能静止地、简单地看问题，以为好的就是好的，坏的就是坏的。在很多时候，好事中间会带来负面的因素，坏事在一定条件下也可以转化为好事。比如战争。战争是残酷的，我们今天都反对战争，希望和平，但历史发展常常是通过战争完成一定的历史使命。比如平准战争，非常残酷，几乎是一场灭绝种族的战争。我们不能因歌颂统一战争，就隐讳这一点。这种战争从国家统一来说固然是好事，但也带来负面的影响。在战争紧张的情形下，必须要求号令一致，令出必行，这就需要中央有绝对权威，其结果是封建君主集权的程度越来越高。因此，不能单方面地看问题。人物也不能简单化、脸谱化，因为人都生活在具体时间、具体空间和具体条件下，都有他的时代局限性，正面人物不是各个方面都完好，要看到正面人物也有缺点，不必为尊者讳。同样，反面人物也不要写成魔鬼，反面人物也有他的思想逻辑和生活逻辑。我们的指导思想是唯物史观，因为它是剖析社会历史最锐利的武器，历史的复杂性要用唯物辩证法进行深入地分析，才能实事求是，存真取信。

第三，要把清朝近300年历史放在世界历史的长河里来考察。清朝与前代很不同，一开始就进入了世界体系的一体化过程中。明末有许多传教士来到中国，清朝入关时好多传教士就留在了中国，一开始就和外国接触了，不仅民间有很多传教士，宫廷里也有很多传教士。顺治皇帝对汤若望非常尊重，据记载，在两年的时间里，顺治皇帝到他家去了20多次，平均一个月去一次，可见关系非常密切。康熙皇帝更不用说了，他宫廷里养了很多传教士，学数学的，学技术的，因此清朝一开始就接触了西方文化。为什么后来完全汉化了呢？为什么没有接受西方文化呢？既然与西方人接触这么多，而且关系又是这么好，为什么后来简直就没有外来文化的痕迹而完全走上汉化的道路呢？这恐怕是文化传播方面的一个谜吧。可能是土壤问题，什么样的文化一定要有适合的社会土壤才能生长。由于礼仪之争，传教士被赶走了，文化的交流停顿了。但是其他的交流还没有停顿，贸易往来、经济交往的关系在18世纪依然有相当大的发展，自18世纪初到18世纪末，海关的收入增加了20倍，可见对外贸易很频繁。有人说，美洲银矿的二分之一都运到中国来，都被中国吸收了，中国是当时世界白银的地窖、仓库。这个说法可能是夸大了一点，但进入中国的白银数量肯定是很大的。另外，是美洲农作物玉米和白薯的传入。这两种农作物在18世纪的中国迅速推广，为什么中国人口增长非常迅速呢？可能与这两种农作物的广泛种植分不开，白薯和玉米是高产作物，所以能够养活当时那么多的人口。这也是中国经济结构的重大变化。因此，18世纪清朝虽然是一个闭关锁国的国家，不愿跟外国接触，但实际上与外国接触还是很多。鸦片战争以后就更不用说了，外国直接打进中国来了，那时不愿意接触也得接触了。因此，要从世界一体化的角度来考虑，离开一体化，就不能了解清朝的历史。

第四，叙述史实要准确、丰满、清楚。准确，就是要求叙述历史不能推断，不能臆想；丰满，就是要有血有肉，不是干瘪的，不是苍白无力的；清楚，就是要结构严谨，条理清晰，不是模糊不清的，不是不分主次的。同时，又给予公平的、有分寸的价值判断。有人认为，叙述历史不能有价值判断，当然我们不要多发议论，而一定的价值判断是难以避免的，因为在写某件事的时候你当然要尽力做到客观，但是你一点立场都没有，一点倾向都没有，这是不可能的，因为要接触这个史实，就会有你的感情。比如写抗日战争，你应该客观公正地写，但是不是一点感情都没有？中国人对抗日战争就必然有倾向，而且如果我来写，肯定会强烈谴责日本侵略者，因为我是那个时代的受害者。当然，我们不能用感情代替科学，但我同情什么，赞成什么，反对什么，立场要鲜明。所以，我们一方面强调客观准确，但并不排除历史学家的主观判断，只有对侵略者进行谴责，才能够体现历史学家的客观和公正。

第五，是文字要简明、流畅、生动。欧阳修认为写史要“文省事增”，文字要省，笔墨不要太多，但事情要增加。他认为《旧五代史》太啰唆，文字太长，写得不好，所以重新写了《新五代史》。《新五代史》确实是文字简练，但也有人认为它的史料价值比《旧五代史》要略逊一筹，这是欧阳修在删繁就简时，将不少具体资料也一同削去所造成的。我们现在写史也要求简明，但不能因简单而干瘪。另外，文字还要流畅、生动，不要佶屈聱牙、深奥晦涩，要有理性的思考，但不要大讲哲学，要用哲理的头脑来考虑问题，但不是专门讲述哲理或胡乱引进外来的概念。使用外来的词汇要慎重，尽量把它转化为中国式的语言，因为我们的作品是要写给别人看，不是自己看，要让普通人看得懂，要民族化、大众化，这是老生常谈了。

2004年10月30日

（《涓水集》，收入本书时略有删节）

在《清史·传记》样稿研讨会上的讲话

《清史》92卷，要分解成一百几十个项目，加上文献的项目，档案的项目，编译的项目，辅助工程的项目，都要立项，通过项目来管理，这种新的管理体制对我和许多同志来说都没有经验，都在摸索。项目首要问题就是立项，立多少个项目，每个项目什么时候完成，谁来主持等，争取在4月20日立项完毕。现在已经三月底了，只有一个月了。第一次立项要6个项目，找6个主持人，大体上主持人都已经有着落了，也有个别的还在考虑。下半年要把立项做完，要两三百个主持人，人到用时方觉少。这么多数量的主持人确实难找啊！所以要求赶紧建立人才库。因为我们对年轻人不了解，不知道他们的专长。人才库当然解决不了根本问题，但是还可以提供一个线索。写过什么文章、在哪个单位、年龄等信息就很快可以查出来。人才库做得还不错。比如输入一个名字，关于这个人的所有信息都出来了。今年从春节以来已经忙了两个月了。因为92卷要分成一百几十个项目，特别复杂，有的一卷一个项目，有的一卷几个项目，绝不像机器生产一样，不能一刀切，机器产品全部一样，我们的项目大不一样。有的一卷立一个项可以，但是有的就不行。比如宗教，就有佛教、道教、喇嘛教、基督教、天主教、伊斯兰教等，没有哪个人对这些宗教都精通，必须要分出好几个项目，写了以后还要合成，因为《宗教志》只有一卷，要合成一卷。现在我们第一批立项的典志有6个项目，快要签约了，就要把经费拨出去。传记也立了6个项。《史表》是5个项目，总共17个项目，主体工程总共有一百几十个项目，所以今年的工作量很大。下面我们用投标、招标的方法，要引进投标机制，优者竞标，是公开地、公平地、公正地进行竞争，只要有本事，谁都可以来。我们不知道哪儿有人才，投标的好处就是可以网罗人才，将来要在报纸上公布竞标的信息。

今天的会是谈《传记》的，《传记》是非常重要的部分。“二十四史”名称是纪传体。传记在纪传体史书里占的分量也非常大。本纪就是一个纲，传记就是一个目了，纲举目张嘛。“二十四史”里头有很多只有本纪、传记，没有表、志，所以后人有很多补表补志的，没有补传的。没表没志可以成为一部史书，但是没有传记就不成为正史。“二十四史”里哪部没有传记啊？可以说无传不成史。我们现在定了22卷，分量不是很多，但也不少了。其中正传是15卷，7卷是类传。分为正传和类传。传统史书上也是这样分的。传记要记述各种类型的人物，凡有贡献的、有名望的，而且也有史料的都要写传记。各种类型，从帝王将相到三教九流。精彩的史书以传记最为吸引人，就像项羽本纪、屈原贾生列传等，传记很多都是合传，四五个类似的人，合成一卷传记，我们较少采取合传形式，大多是单独成传，但是有些情况我们可以采取附传的形式。某个人和一些次要的人关系密切的话可以用附传。比如《清史稿》的岳钟琪，那是重要人物，所以他有单传，但是还有附传，一个是岳升龙，他的叔叔，一个是他的堂弟岳钟璜，还有他的儿子岳濬。他们虽然也是重要人物，但是没那么多事儿，够不上写单传。又如鲍超，也有好几个附传，都是他的部将，如娄云庆、宋国永、唐仁廉，所以《清史稿》里的附传是很多的。因为有很多人和其他人有关系，或者部下，或者儿子，事情很少。有的也有儿子附老子的，有的儿子名气更大，附的是父亲的传。有的可以考虑合传形式。如几位将军，一起打仗，要是每人都给写一个传，事情重复，那就很啰唆，所以干脆就一个人立传。如僧格林沁，他的附传是很多的，因为他打的仗很多，部将很多，附传人也很多，这种附传办法可以采用。另外一个就是类传，我今天重点讲一下，因为这里有分歧，立那么多类传做什么？我们立了7个类传。新修《清史》的类传和以往的类传不一样，以往都是皇后有类传，太监有类传，党锢有类传。我们列的类传很多是新的。因为清代社会有一个特点，它是一个过渡社会，从旧社会、传统社会向近代社会过渡，在这个期间，产生许多人物，新的方生，旧的未死，新旧交替，有许多人物带有一些新社会的特色，但不很鲜明，名气也不大，当时社会看不起他们，事迹也不多，但他们代表着一个新的势力的崛起。因此这样的一些人物，我觉得应该给他们立传。但他们没有许多事迹可写，当时的人瞧不起他们，没有多少记载，《清史稿》里也找不到他们的传，例如陈启源，第一个民族资本家，《清史稿》没有他的传，很多资本家都没有传。涉及这样一批人物。

类传需要从多方面来创新、挑选，写什么人，这是一个创新，历史上不曾注意，《清史稿》里没有，《清史列传》里也没有，这些人物我们以前不知道，要去挖掘，挖掘出来就是创新。我们所知道的都是《清史稿》或《清史列传》里的传记。我看现在所选的人物好多都是重复的。《清史稿》《清史列传》《清代七百名人传》等，包括我们自己编的《清代人物传稿》。写来写去都是那批人，资料就这么些，你再花时间也就这么多了。当然你还可能找出更多，但是难度很大。比如曾国藩、李鸿章、洪秀全等，研究的人、研究的论文已经那么多，再创新是很难的。当然这部分也是非常重要，要花力量搞，但应该转移我们的一部分力量去发掘一些新的人物。比如妇女传，我们列了一个妇女传，有些人问，妇女写什么？妇女传是不是就是烈女传，当然不是。我感觉到清代妇女有一些变化，当然不是很大，就算是一个小的变化吧。女子从来都是无才便是德，但是在清代可能有些改变，知书识字的妇女很多，才女非常多，如清初的柳如是、顾横波等，清中叶的王渔洋的女弟子，袁枚的女弟子，有三大女弟子——席佩兰、金纤纤、严润珠，还有他的妹妹袁杼、袁机，还有顾太清、王照圆、汪端。清末还有个女侠秋瑾。陈寅恪发现了一个柳如是，一个陈端生，我们能不能还发现一些女性？我前几天和一位同志谈文献的事情，我请他编一个清代闺阁诗文选，清代妇女诗集有2000多部，现在能看到的有800多部，分散在各地图书馆。他说他知道一些，看过一些，清代妇女有一个不同的特色，读书识字的很多，特别是江南，浙江、安徽等地的妇女很多会著书写诗，诗写得很好。怪不得你看《红楼梦》里有那些女子会写诗啊。他们也组织诗社、雅集，结交诗友，吟咏唱和，清代就有这种风气。这种诗也有它的弱点，写实很少，但是情感非常丰富细腻。妇女和男的不一样。我支持编一个闺阁诗集，就是把所有妇女的作品全部聚集起来。但是难度很大，图书馆不让看，照相只能够照三分之一。这怎么行哪？一听说《清史》搞的项目，就要价太高，本来1块5毛钱，现在变成10块了，难度很大。妇女们能写很好的诗，有些是大学者的夫人，有些是女儿。我们可以看到的有800多种妇女诗集，当然不可能把800多种都编起来，但是我们可以挑选一些来编，我觉得这就是一个创新。从前不写妇女，“二十四史”里写妇女都是节妇贞女、夫死不嫁之类。现在我们转换一下视角，去写妇女，我觉得这可能是超出以往传记的地方，是非常有意义的。因为妇女的自由度越来越高了，虽然也还是男权社会，依附于男权，但是妇女的地位已经有所不同了。

譬如沈雨梧同志搞的科学家，研究勤奋，资料也很多，我觉得很好。但是我看还有一个问题，清代的科学家不一定是传统的学者、文人，因为近代机器工业已经产生，工厂里有许多工程技术人员，他们名不见经传，以往史书中不写他们。其实他们为中国工业建设做出了贡献，我们该不该为他们立传？如魏瀚、陈兆翱，他们是法国留学生，在福建船政局工作，自己造军舰，虽然被打沉了，但是自己能造军舰，这已经是很了不得了。有一个叫赖长，左宗棠把他请到甘肃，搞织呢厂，后来成为甘肃很有名的搞各种各样的工程的人物。有个曾昭吉，是丁宝桢手下的，丁宝桢在四川开机器厂，他是工程师。当时没有工程师这个名称，是个匠人吧，后来随丁宝桢到山东。还有一个李维格搞汉阳铁厂，是东亚的第一个钢铁厂，他是技术人员，他好像是广东人吧？还有彭英甲，他是在兰州建造黄河铁桥的，兰州的黄河大铁桥在清末建造，彭英甲虽非技术人员，但也主持了铁桥工程，在类传中可否给他一个位置，这座铁桥不久以前还在使用吧？像这样的人，传记中连一个都没有。这些资料很少，确实有困难，难度很大，但是不冲破难关就没有创新。你就得去找。当时的报纸《申报》等，各省的地方文献会有不少记载。还有许多经济资料里，偶然提到一笔，事情很少，仅留下名字。有些人也不知道是哪儿的，比如赖长这个人很灵巧，不知道这个人是哪里人。所以不仅有徐寿、华蘅芳、李善兰这些著名的人，还要发掘更多对中国有贡献的人，尽管他们事情少，我们说不出多少来，但是我们还是要为他们立传，这是写《清史》的一个重要责任。所以类传一般人物量很多，但是字数很少，因为他确实没有留下东西来，可惜啊！江南制造局就有很多搞技术的工程师。江南制造局有位大学者萧穆，搞西北地理的，在江南制造局待了许多年，他是个传统文人，但是在他的文集里就什么都不记，没有任何江南制造局的信息，其实他是一个大学者，应该有记载。我找了萧穆的《敬孚类稿》，其中一点没有记江南制造局的事，因为传统学者看不起“奇技淫巧”，这也是中国的悲哀。所以现在要找这类材料，像沙里淘金，要花很大的功夫。我们既要在传统的重要人物上花功夫，也要下功夫去找那些不被注意，但是非常重要的人物。因为这是一个新旧交替的时代。很多新的人物不被注意，都埋没了。有的教育家，在清末开了那么多的学堂。医生，中国第一个西医是谁？黄宽，是和容闳一起留学的，回来以后是搞医生的。像这类事情都应该写。我觉得类传的发掘余地是很大的，也很有意义。还有华侨，华侨从前没有，《明史》里没有华侨。《清史》应该有华侨，现在我们要列一个华侨类传的名单，举不出什么人物来。因为我们没有研究，不是没有人物，你去找搞华侨史的人，他肯定能说出一些人物来。台湾、澳门、香港，有些什么人物，能够放到我们传里？我们说不出人来，以前我们没有注意，现在修新《清史》，香港、台湾、澳门有志，如果香港、台湾的人在传里连一个都没有反映，那不是就闹笑话嘛？这些不是中国的地方吗？台湾有一个大富豪林维源，光绪时人，非常有名，清代官书中常常提到，有人给他写传记吗？我想台湾肯定有人写。现在台湾我们知道的有丘逢甲、郑成功等，我们去发掘发掘肯定会有很多的人，所以类传立的人物很多。我提出写类传以后，有的同志不同意。就是写一般我们知道的人就行了，干吗花那么大力气去写我们不熟悉的，我觉得老写那种人所皆知的传统人物，没有创新，没有新意，那样的话再花多少力气，也就是那么多资料，某种意义上，是翻来覆去炒冷饭。但是一些重要人物一定要写好，如曾国藩、李鸿章等这些重要人物。我觉得创新亮点之一就在类传上。我这个看法也不知道对不对，请教大家。

我还加了孝义传、忠烈传。什么是忠烈啊？农民战争中被打死的叫忠烈？当然不是，我指的是在与外国侵略者作战中牺牲的，这些人不是大官，够不上列大传，像鸦片战争中牺牲的第一个人，姚怀祥，定海知县，小小的知县，也没有什么大事，专门立传立不上。还有文丰是圆明园管理大臣，在火烧圆明园中他跳福海死了；还有一位畅春园千总燕桂，他砍倒了几个烧园的侵略兵，他牺牲了，他全家16口均遭杀害。现在大家谈火烧圆明园，却不知道提这些以身殉国的人。就这一点，我觉得表现了中华民族气节！可以写。黄海大战中邓世昌、丁汝昌等都有大传，有正传，可以写。但是还有一批人，像陈金揆是个大副，立不上传，甚至林永升能不能立上传都成问题，他是管带，好多人都立不上传，可以放在类传里，以表彰为国牺牲的人物。忠烈是指在和帝国主义作战中死去的人，我们不要忘记他们。不知道我这个想法对不对，请同志们斟酌。不是光指邓世昌等人，死的人多了。老舍的父亲就是被八国联军打死的，当然他可能不会列在我们的传里。

我们还立了一个孝义传，为什么要立孝义传呢？我觉得孝是中国的传统道德，当然我们不能愚孝，卧冰求鱼、割股疗亲都是愚蠢的办法，那个不要写，但是真正对父母好的，赡养父母非常尽心尽力的，历史上不乏其人，我就看过陆陇其写的文章，是我读初中时的语文课本中的，我不记得篇名了，但印象深刻，至今不忘，讲兄弟几个怎么赡养他们的父亲，看了以后才知道对父母应该这样做，这也是一种伦理教育。义，对兄弟友爱也是一个优良传统，这种例子很多，史料也不少，家谱、墓志里边都有一些，当然家谱用起来要小心，有吹牛溢美的地方。但是地方志就稍微好一些。大量看家谱、地方志，还有循吏传，小官吏哪儿赶得上立传啊，但是他做的事情可真是感人，为老百姓做了好多事情，赈灾、水利、修桥、铺路、断案，但是史中无传。所以我觉得应该去发掘，到处去找，《清史列传》里、《清史稿》里都是些大人物，但是《清史稿》的循吏传里也有很感人的。所以传记组目录老是迟迟提不出来，因为有个类传在那里，大传好提。大传都会提，《清史稿》里

7000人呢，从这里找出两三千还不容易？难就难在这个类传，到现在半年了，传记没提出个名单来。为什么？因为类传，该立谁啊？你不去找书，不去努力发掘，那就永远立不出来。还有一些人，像武训，武训将来要不要立传？武训传搁在哪儿？还有叶澄忠、杨斯盛，干了那么多义举，这些人的传搁在哪儿呢？所以到最后一稿，我才决心加上了孝义和忠烈，最早我也不敢加，后来我下决心要加，而且一定要加。类传我觉得应当特别着重讲。当然不是小看正传，正传当然很重要，康熙、乾隆传当然重要，曾国藩、李鸿章这些传当然重要，阿桂、兆惠、鄂尔泰、张廷玉这些著名人物，当然很重要，但是他们的传记说实在，现在已经写了很多。当然还有深入挖掘的必要，像曾国藩、李鸿章的全集等。我们新编的《李鸿章全集》2800万字，以前编的只有700万字，超过4倍，明年年底就可以出版了。当然如果看完《李鸿章全集》再去写李鸿章传那当然是更好了，但是不行，太多了，时间也来不及，只能看一部分。所以传记确实很有潜力可挖，已经写过的，也有许多是从来没有见到过的人物和资料，特别还有很多新旧交替时候的重要人物。还有少数民族，清代一个重要的特点就是少数民族，从前的传记里少数民族是很少的，非常汉化的少数民族才有。《清史稿》里连噶尔丹的传都没有，达赖喇嘛、班禅额尔德尼也没有传，四大活佛没有传。还有土谢图汗、大小和卓、阿穆尔撒纳、莎罗奔、索诺木、杜文秀、张秀眉，一律无传。这次新修《清史》里我们就增加了四大活佛的表，增加了哲布尊丹巴、章嘉等的表。

我们这部《清史》最重要的是质量问题，成败利钝就在质量，这是我们的生命线。质量搞不上去不仅仅是每个人的事情，而是集体的荣誉，我们国家的荣誉。自从担任这个任务以后，我一天到晚就在想这个问题，怎么样提高质量，要不然我对不起国家。国家花了那么多的钱，投入了那么多的人力、财力，结果被你们搞得一塌糊涂，这个你说得过去吗？修史是千载难逢的机会，朱元璋修《元史》的时候是洪武元年，离现在600年了，600年来有几次修史，第二次是顺治二年开始修《明史》，第三次是《清史稿》，第四次，就是我们，600年里的第四次。作为一个历史学家，能够碰到这样一个修史的机会，是我的幸事，能够参与到修《清史》的行列，来为这个出力，的确是一种幸事。我们决不能辜负了国家的希望、人民的希望。老百姓非常希望修好《清史》，给我的来信多得不得了。昨天《清史》中心还转给我小学生写的一封信，小学六年级的学生写的信，谈修史的事情。你看他们都那么期待我们。所以我们的质量问题一定要做好，拜托各位，特别是样稿，样稿是提高质量的一个重要的手段。因为我们将来写人物，会有许多专家参加，写3000个人物，少说也得有一二百位作者，每个人都有不同的写作水平、不同的写作习惯、不同的写作用语等。我们这个书是一部书，思想统一，体例统一，文风统一，不能够五花八门，样稿就起一个标兵的作用，就要照着样稿来写。同志们的责任重大。将来你们二十几个样稿都要发给大家，就按照这样子来写。一般光讲讲原则、讲讲细则的话，弄不清楚应当怎么样来执行啊。比如写一个人物，先写名字，再写生卒年月、籍贯、字号，先写什么，后写什么，这就是统一。如李鸿章先写合肥人，哪年生，字少荃，等等。体例上要统一。这里还有个写法问题，写法，一个人死怎么写？你们细则中没有说到。升官写了。死是也有讲究的。皇帝叫崩，亲王叫薨，大臣叫卒、死，被处斩的叫斩首，有的叫伏法、赐令自尽，各种各样的写法。当然这些写法不一定完全遵从，有一些也不一定合理。但是我们要有个规范，像“牺牲”之类的词可否不写，如认为某某人牺牲了，邓世昌就不要写牺牲，直接写死，就是战死，这本身就是一件很壮烈的事。我这意见对不对？这就是写作规范。同志们一定要注意，要看细则，要不你五花八门地写出来，将来改就难，谁来改啊？所以细则非常重要。写样稿，我们的时间放得比较久，原则是宽以时日，从优酬谢。时间比较宽，最多5个月写1篇，最少3个月，3个月写1篇比较短的。5个月1篇那就是5000字，5000字写5个月时间很充裕了，1000字1个月，所以有从容研究推敲的时间。

我想要求呢，就提一些原则性的。第一，事实准确。真实是写史的生命，如果不真实，弄错了，虚假的东西，甚至于一些造伪的东西那怎么行啊。一定要弄确切，当然有些事情很难弄确切，但是我们一定要尽最大的可能，把事件、人物、时间、地点弄确切，不出错，要不你老是错，那人家谁还用你的书啊，不相信你。真实性是最重要的，一定要反复核对。台湾的学者们花了很长时间搞了部书，叫《〈清史稿〉校注》，当然这部书也有缺点，但是他们花的力量是很大的，他们一共校出《清史稿》8万多条错误和异说。15册1200万字，《清史稿》才800万字。我们这次写一定要看《〈清史稿〉校注》，千万不能再犯《〈清史稿〉校注》已经校出的错误，否则就让人家笑掉大牙了，你们修史，连《〈清史稿〉校注》已指出的错误都不知道，真是孤陋寡闻，成了大笑话，所以大家都要看。但是它校出的不一定是错误，也许本身不是错误反而校错了。你也不能盲从它，所以还有核实的工作。它校出来的错误可能大多数是错误，或者有些不是错误，但是无论如何，我们都一定要看这部书。另外还要看档案，档案里有很多东西。不一定去看最原始的档案，那里是汪洋大海，短时间内摸不清楚，可能看不出什么东西来。当年的国史馆有许多成稿，在第一历史档案馆，从来没有什么人用过，当时写《清史稿》的人用了一些。有6000个人的传包。有的传包在台湾，放在两地啊。真的是很宝贵的材料，因为他当年写作时间离传主的时间近，比我们清楚，一定要看，你们领到这个任务以后，一定要到北京来，到档案馆去，查阅资料。有些人可能没有，大部分人都有传包，有的可能在台湾，现在传包在大陆较多，表、志在台湾比较多。我看《天文志》，《清史稿》的《天文志》写到乾隆朝为止，下面没有了。我原以为修《清史稿》的人没有写完，到台湾一看，完整的《天文志》都有，是多年前国史馆史臣所写，写《清史稿》时没有看到，因此只写了半部《天文志》。所以档案是非常重要的，我们需要发掘。千万不能怕费力，不去博览群书。要尽量翻阅，这样才能使我们的传记写得好。这个第一条真实性非常重要。

第二，条理性，条理要清楚。一个人的事儿很多，一生的事很多，要分清楚主次，不要眉毛胡子一把抓，没有条理。按照历史顺序叙述下来，重要的多写，次要的少写，有的根本不写。我是主张文省事增，字数不要太多，我们以前写的《清代人物传稿》，字数太多，李鸿章传在《清史稿》里写了8000字，我们则写了1.6万字，多出了1倍，当然我们用的是白话。这个还不严重，最严重的是学者的传。把他的生平、思想、著作等全部写出来。这在《清史稿》里是没有这么写的。一般都是几百字、千把字。当然，他们是文言，我们是白话。欧阳修说：修史应文省事增。文章文字要省，笔墨不要太多，事情要增加，他认为他的《新五代史》比《旧五代史》写得好，就是“文省事增”，所以不要写得啰啰唆唆。欧阳修的文章写得好。文章的条理要清楚。

第三，文字简要，无关紧要的，一大篇名词、形容词等都是不必要的。穿鞋戴帽也不必要，开门见山。我们虽然用的是白话，但是文章力求典雅、简洁。《清史稿》虽然缺点很多，但是它的文字很好，有桐城派的味道。参加《清史稿》写作的有两部分人，一部分是桐城派，一部分是满洲的才子。桐城派的很多，文章作得很好，史写得较差。

第四，生动形象。我还是希望能够生动一点，因为传本身就是生动的事实记载，是非常生动的故事，读史的人一般都喜欢读传。读表的人很少，表是非常枯燥的，表是用来查的。我们千万不要把人物写成履历表，《清史稿》就有这个毛病，今年升什么官，明年升什么官，性格没有，情节没有，干巴巴的，没有可读性。

第五，要讲究文采，就是讲的语言要规范，要讲究修辞，写成好文章。

2004年3月27日

（《涓水集》）

在《清史·史表》工作会议上的讲话

《史表》是《清史》中的重要部分，现定13卷，共31个表，在《清史》总目录92卷中约占14％，有一定的分量，其实《史表》在《清史》中占的分量不止于此。因为在《典志》的《人口志》中，人口数字、各地人口比例、性别比例可能都有表。《工矿志》《交通志》中工厂、矿山、铁路也有表，《财政金融志》中税收数字各种支出，还有进出口贸易也少不了有表。总之，在新修《清史》中会有很多《史表》。

司马迁创十表、八书，班固继之，作八表。《史表》和《清史》的其他部分不同，它以表格的形式表现历史现象，以一统多，以简驭繁，一目了然，这是叙写历史的一种好形式、好体裁。

但值得研究的是自从司马迁、班固创制《史表》之后，1000年间，无人为正史作表。随后继作的16部正史，包括《后汉书》《三国志》《晋书》《宋书》《齐书》《梁书》《陈书》《北魏书》《北齐书》《北周书》《南史》《北史》《隋书》《旧唐书》《旧五代史》《新五代史》等均无《史表》，这是一个奇怪的现象。直到欧阳修写《新唐书》才恢复了《史表》。自《史记》《汉书》之后，相隔1000年。这是什么缘故呢？

第一，《史表》很难做，难在资料不全。因为《史表》的内容是实在的。譬如宰相表，某一朝宰相的姓名、任职岁月都要写明，一个不能少，不能借助推测、传闻来补充，也不能靠模糊不准的记忆来写作，必须依靠准确的档案资料。自汉至唐，国家分裂为南北朝，战乱频仍，档案缺失，难于把一个个人名和年代写出，而唐太宗时大规模开馆修史，离开晋代和南北朝时间已久，已难寻觅这些旧的人事档案，这可能是《史表》缺少的一个原因。

第二，南北朝史家很多，他们写了不少当代的历史，可惜所写史书散失殆尽，没有传留下来，即使他们书中有的作了《史表》，我们今天也看不到了。

第三，当年史家对《史表》似乎不甚重视。《史记》《汉书》以下16部史书，有本纪、有列传，志则有写有不写，表则一律皆无，故而“二十四史”亦称纪传体史书，无纪无传不成正史，无表无志仍可列为正史。唐代的刘知已称《史表》“有之不为宜，无之不为损”。在这位大历史学家心目中，《史表》也是可有可无。后来虽有许多史家为前史补表，但时间离得越远，资料越是稀少，工作也更加困难。

欧阳修继司马迁、班固之后为《新唐书》作表，这是很有眼光的，也是唐代复杂的历史现象促使他恢复了《史表》。中唐以后，由于藩镇林立，形成一团乱麻的长期割据现象，几十个地区都成了独立王国，各立山头，各推领袖。这种复杂混乱的历史现象，用史表的形式可以表现得简单明了。欧阳修为《新唐书》作方镇表六卷，把中唐以后的复杂历史交代得很清楚。

在欧阳修以后，《史表》在正史中的地位重新确立，此后史书中，包括《宋史》《辽史》《金史》《元史》《明史》《新元史》《清史稿》中均有表，此后历史的内容愈来愈繁复，表的数量也越来越多。《清史稿》的一个优点就是《史表》多，共有十表。不仅设有部院大臣、总督、巡抚等中央地方大员年表，而且根据中国多民族特点设藩部世表，根据中外交往频繁的特点设交聘年表。我们更将《史表》增至31个，不仅新增提学布按、进士等多种人表，而且增设大量事表，如史事、书院学校、文祸、教案、中外约章、报刊等表。

从《新唐书》设表以后，史家对《史表》也重视了。郑樵说：“《史记》一书，功在十表。”梁启超说：“史公仿周谱作十表，宜为史家之大法。后起诸史，或私自著述，力有不逮，且付阙如，或史臣无识，遂以删汰。”（《清史商例》第一书）充分肯定了《史表》的作用。

对于你们所编《史表表文选编》与《史表配套成果选编》共三大册，洋洋洒洒，共1200页，斐然可观。我未能详读，大略翻阅一下，初步印象有四个优势。

第一，立表之多远超前史。前史立表最多的是《史记》《清史稿》，均是十表。我们立31表，这是适应清代历史的复杂性、多样性而设，可以反映多方面、多领域的社会生活，而且创立事表，也超出前史。如果我们能用心做好，每个表都可能成为一个亮点。

第二，使用原始档案资料远胜于前。前代修史能看到的档案甚少，大多已散失。我们能看到基本完整的清代档案，实是幸运，表中所引，很多来自档案。

第三，我们的做法是先将档案、实录和其他文献编成资料汇编与考异，再据此作史表，根据确凿。汇编、考异等字数要超过《史表》5倍以上，将来虽不出版，却是我们这一代修史者的心血所凝聚，要很好保留下去。

第四，我们的表格设计颇费匠心，参考了《清史稿》表、钱实甫的《清代职官年表》、魏秀梅的《清季职官表》等成果而有所改进。

以上四点意味着良好的开端，循此以进，努力工作，必有成绩。我谨对参与工作的先生们表示热烈的祝贺和衷心的感谢。

2006年5月26日

（《涓水集》）

在《图录》组图片征集会议上的讲话

今天，清史编纂委员会邀请沈阳故宫，承德文物局，清东陵、清西陵、颐和园、圆明园、天坛管理处，国家博物馆，首都博物馆，国家图书馆，首都图书馆，北京大学图书馆，北京师范大学图书馆，中国社会科学院文学所图书室，第一历史档案馆，北京市档案馆等博物馆、图书馆、档案馆有关单位的领导和专家们，共同讨论《清史·图录》的编纂事宜。《清史·图录》如何开展工作？图片如何收集？在座的专家都来自图片、文物收藏宏富的单位，所以我们要请各位专家贡献智慧，大力协助。

修纂《清史》是一项新中国成立以来规模浩大的标志性文化工程。自2002年12月成立《清史》纂修领导小组和《清史》编纂委员会，项目正式启动以来，迄今已是一年四个月。在这段时间里，《清史》编纂委员会健全了机构，聘请了人员，制定了一系列的规章制度。最为主要的是在全国范围内组织开展了体裁、体例大讨论。在集思广益的基础上，拟定出基本的《清史》卷次目录，同时也形成了涵盖《清史》内容的结构框架。

我们现在编写的这部《清史》有3000万字，分为5个部分。第一部分是《通纪》，第二部分是《典志》，第三部分是《传记》，第四部分是《史表》，第五部分就是《图录》。

收图入史是新修《清史》的一大创新。图录的作用在于以图明史、以图补史、以图证史，即是用图录反映人文历史，用图录补充文字历史，用图录形象地表现历史。以往的“二十四史”没有一部是含有图录的。在纂修《清史》的今天，我们给予图的部分以一个正规的命名——“图录”。这一命名并非我们随意杜撰，蔡文姬的父亲蔡邕著有《汝南太守李公墓碑》，其中有“奕世载德，名昭图录”的佳句。“图录”一词最早的出典应在于此。另外，章太炎的《驳康有为政见书》也认定“图录有征”，强调“图录”作为证据的可靠性。基于以上用语，我们命名了“图录”，设置了《图录》部分。

新修《清史》的《图录》初步拟定10卷。最终《图录》设定多少卷，要依据图片的价值和数量丰薄，斟酌而定。如果图片价值连城，收藏宏富，10卷容纳不下，就可以增加卷次。

也许征收选中的图片偏少，不足以支撑起10卷的框架，那么也可以相应地核减卷次。现在初步拟定的10卷篇幅，占有全部《清史》92卷容量的11%，已经成为《清史》主体的重要组成部分。

能够收入《清史·图录》的主要应该是具有历史价值、有代表性，并且是纪实性的舆图、图画、照片、文物遗址图像。这些图片应该能够反映清代的历史生活、社会风俗，从而强化新编《清史》的形象性与真实感。我已说过，古典的“二十四史”没有设置图录，但并不是说中国古代没有图。古代中国的图与书往往相提并论，“图”“书”二词并连使用，遂有“图书”一词。古书中有“河图洛书”“左图右史”的说法。

一些史书也有“图”与“书”的连带表述，《周礼》就记载说：职方司掌管天下的图。《史记·萧相国世家》篇章里记述：汉王刘邦率军攻破秦朝的国都咸阳，许多将领、士兵都急于抢夺金银财宝，而萧何则去收敛秦朝遗留的律令、图书。正因为图书记载着秦朝社会的方方面面，所以刘邦得以了解天下的险要，查知大众的户口，知晓各地的贫富，明了关中的物产。刘邦战胜项羽可以见证“图”“书”的重要。

“二十四史”里没有设置《图录》，的确使人萌生疑虑。司马迁在《史记·留侯世家》曾说：原以为张良的相貌奇伟、身材魁梧，但观看图画之后才知道“张某如妇人女子”，可见汉代之际已经出现图画。然而，司马迁在哪里看到的张良图？又为何未编入《史记》？推测其中的原因，我估计最有可能是古代的图和书截然分开。汉代的文字是刻在竹简上，竹简宽度有限，比较狭仄，没法画图。所以我们见到的汉代画图都是以绢为载体的。比如，马王堆出土的图画就画在绢上。竹简与丝绢是无法编为一体的。古代史书不见画图大抵缘于此。但丝绢容易腐烂，难以保存，能够经历时间的销蚀而留存下来的画图为数很少，经考古发现发掘出来的图画就更少得可怜！绢画绘制需要较大的空间，因此，古代画家也把绘画移植到墙壁上，我们称之为“壁画”。地表建筑上的壁画，长期遭受日晒、风吹、雨蚀，难以在数百年后完好保存。湮埋在沙土之下的建筑，尤其是大型陵墓，如章怀太子墓、永泰公主墓，倒是能够保存一些壁画。所以，竹简、纸质载体的“二十四史”没有画图，我估计缘由在此。

但有一点需要说明，“二十四史”不载画图，并不表明古代史学家忽略画图的历史价值。郑樵《通志》里设有20略，其中一个“略”称为《图谱略》，专门讲解图的重要性。清代学者章学诚说，天象、地形、舆服（服装）、仪器“难以文字注，绘图以标明之”，阐述了画图的形象性。明清时期，画图逐渐多了起来，而且偏重于插图。四大古典文学名著之一的《水浒传》，配有陈洪绶绘制的插图，成为传之久远的画图版本。插图或者放在书的前面，或者置于书的中间，一章、一卷插入几张画图，附属于文字。这一时期图书表现出文字主干、画图枝叶的特点。应该说设置《清史·图录》是一项创新，是新修《清史》的一个亮点。《清史·图录》中的图片不像从前附属于文字，不是插图，而是成为主体。图录的图片不附属于纪、传、表、志。它自成体系，有相对的独立性，是利用整体来表现清代历史。

编纂《清史·图录》是一项创新，没有前人的经验可以参照借鉴，因此要靠我们自己摸索、探讨。这就是一门学问，涉及整体设计、科学分类、真伪鉴别、严格保管、严谨编纂、贴切的文字说明等一系列的问题。既有技术攻关，也有理论性的规范。我知道前不久在大兴讨论编写总则时，关于图录定位出现了以图证史、以图明史、以图补史的各种说法，这都可以讨论。如今，我们拥有的编纂条件远胜于封建时代，纸张品质的提高和制版印刷技术的进步，给我们收图入史提供了极大的便利。编纂出版精美、考究的图录已经不再是一件难以实施的事情。此外，图片资源非常丰富，清代纪实性的图画多得不可胜数，舆图、风俗画、肖像画、战图，种类繁多。晚清时节又引进了照相术，图片的摄影便利了许多，大量的晚清老照片汹涌而出，可以用来拼接历史的记忆，复原历史。因此我们决定与时俱进，设置《清史·图录》部分。照片能够非常真实地反映历史时代的人物、建筑、器物、风俗及场景，关于这方面的图片多来自于晚清之际来华游历的外国人。外国人到中国，对一切都感到新鲜，他们撰写旅游日记，拍摄旅游照片，回国之后出版描述中国社会面貌的图书。许多图书里面附了照片，真实地记录了当时中国社会的人文风情。我浏览过一本《俄国人在黑龙江上》，里面有反映黑龙江流域达斡尔族、赫哲族的民居及黑龙江自然风貌的照片，非常漂亮。李希霍芬是非常著名的德国地质学家，在中国居留数年，足迹遍布山西、山东各地，听说他著录了四大卷书，里面穿插着很多具有历史价值的插图和照片，尤其是详尽的山东省全图。类似的图书不可胜数。晚清之际，许多传教士、外交官、探险家、军官到中国来，回国之后大多数人撰写了回忆录。《图录》组的刘潞同志前年在英国休假期间收集了很多珍贵的图片。我花费一个下午仔细浏览了她赠送的光盘图片，觉得里面的图非常珍贵，颇有价值。

我们要扩大积累《清史》图片资源，把收集来的大量图片归集到一个图片库，实现科学的保管利用。每一张图片收录回来，都要著录名称、年代、内容、形制、规格、收藏单位，还要评估图片的价值。这项工作现在就应该开始启动，因此我们请博物馆、图书馆、档案馆等单位给予援助，协助我们建立《清史》图片库。目前来看，散在各地各处的图片汗牛充栋，无法准确估算。苏州大学图书馆馆长王国平，以一人之力花费五六年的时间，收集了5万张清代（不止清代）历史名人图片。我知道，第一历史档案馆有上万张舆图，故宫也有几千张！现在全国还没有一个机构收集这些图片，如果下功夫搞好的话，我们将是全国第一家。

我希望能建立一个容量达10万张以上的图片资料库。在广泛收集图片的基础上精选图片，选出比较精彩、具有历史意义、能够反映清代历史的图片上万张。要一边收集，一边编写，用两年时间完成收集，两年时间编纂出来，争取在2007年年底完成。

现在的这个编写总则，比体裁体例组议定的目录更细化、更具体。但《图录》组取消了《体裁体例》组拟定的肖像卷，主张肖像内容打散后分到其他各类里去，这属于学术分歧。我要再阐述一下自己的理由：我认为肖像还是应该集中起来立一卷。所谓肖像是杰出人物的个人像，不是群像。例如清帝狩猎、群臣朝拜、信使朝觐、接见外藩就不是肖像，而是群像。

战争中的图画或者照片，场面千军万马，也是群像。我们说的肖像一般是指一个人，或者有名有姓的几个人。众多肖像集中起来，其本身就可以自成体系，成为一部清代名人的画廊。从努尔哈赤开始一直延续到光绪，甚至到溥仪幼年时代。不分类别，一律按照生卒年流水排列。用人物肖像来表明清朝的历史，使人们知道清朝有哪些历史名人，乾隆朝有哪些文臣武将，雍正朝有哪些勋吏封疆，其身高、面相都能够反映出来。可能会有人物缺漏，而且还是非常重要的人物，特别是清前期会有很多人物没有图像；晚清时期要好些，一些重要人物的肖像，我估计能够找到十之七八。我们要把肖像卷编纂成一个有体系的形象化的《清史》。如果把肖像分门别类地打散，编入各个类别中，会产生几个缺点：第一，历史上著名的人物以政治人物居多，文化人物居次，其他人物寥寥。如果以类划分，都集中到政治类、文化类里，《图录》的结构会因此非常不平衡。政治、军事、文化类的图片极度膨胀，一卷的篇幅都容纳不下，仅仅是政治类恐怕就要有300人，其他如民俗类、建筑类，几乎没有肖像。这是非常不均衡的。第二，某些重要人物无法准确划定类别。努尔哈赤、皇太极肯定有肖像，而《图录》组设置的政务篇是从多尔衮执政开始，加不进去。划分到军事篇里是绝对不合适的。努尔哈赤、皇太极是皇帝，一定要放到政治卷里。政务篇里设置了太上皇训政，那只是乾隆帝退位时段的事务，那么，清朝前期重要大臣阿桂、兆惠、张廷玉等人如何处置？不能归在太上皇训政里面，因为他们都是乾隆朝前期的人物，时间跨越了半个世纪！将来编纂《图录》的时候，肯定会发现以类划分将面临无法解决的难题：某些重要人物有肖像，但无法简单地划分为何种类型人物，也就无法恰如其分地放入卷目。我提出设立肖像卷的建议，还可以协商探讨。《清史》编委会借本次会议，希望各馆藏图片单位能够慷慨地给我们提供查阅、收集、利用的便利。我们将支付一定额度的费用，具体合作办法还可以继续协商。《清史·图录》实际编入的图片不会太多，每卷1000张图，10卷《图录》最多能够容纳1万张。因此我们要反复精挑细选，去伪存真。对各馆藏单位来说，也是参与修史，参与国家文化工程，为国家文化建设贡献力量。

《图录》组将开展大规模的征集图片工作，此前的档案文献征集工作已经全面铺开，希望继续得到有关单位的热诚支持。

2004年4月

（《涓水集》）

国家新闻出版广电总局
首届向全国推荐中华优秀传统文化普及图书

大家小书书目

国学救亡讲演录	章太炎 著 蒙 木 编
门外文谈	鲁 迅 著
经典常谈	朱自清 著
语言与文化	罗常培 著
习坎庸言校正	罗 庸 著 杜志勇 校注
鸭池十讲（增订本）	罗 庸 著 杜志勇 编订
古代汉语常识	王 力 著
国学概论新编	谭正璧 编著
文言尺牍入门	谭正璧 著
日用交谊尺牍	谭正璧 著
敦煌学概论	姜亮夫 著
训诂简论	陆宗达 著
金石丛话	施蛰存 著
常识	周有光 著 叶 芳 编
文言津逮	张中行 著
经学常谈	屈守元 著
国学讲演录	程应镠 著
英语学习	李赋宁 著
中国字典史略	刘叶秋 著
语文修养	刘叶秋 著
笔祸史谈丛	黄 裳 著
古典目录学浅说	来新夏 著
闲谈写对联	白化文 著
汉字知识	郭锡良 著
怎样使用标点符号（增订本）	苏培成 著
汉字构型学讲座	王 宁 著

诗境浅说	俞陛云　著
唐五代词境浅说	俞陛云　著
北宋词境浅说	俞陛云　著
南宋词境浅说	俞陛云　著
人间词话新注	王国维　著　滕咸惠　校注
苏辛词说	顾　随　著　陈　均　校
诗论	朱光潜　著
唐五代两宋词史稿	郑振铎　著
唐诗杂论	闻一多　著
诗词格律概要	王　力　著
唐宋词欣赏	夏承焘　著
槐屋古诗说	俞平伯　著
词学十讲	龙榆生　著
词曲概论	龙榆生　著
唐宋词格律	龙榆生　著
楚辞讲录	姜亮夫　著
读词偶记	詹安泰　著
中国古典诗歌讲稿	浦江清　著 浦汉明　彭书麟　整理
唐人绝句启蒙	李霁野　著
唐宋词启蒙	李霁野　著
唐诗研究	胡云翼　著
风诗心赏	萧涤非　著　萧光乾　萧海川　编
人民诗人杜甫	萧涤非　著　萧光乾　萧海川　编
唐宋词概说	吴世昌　著
宋词赏析	沈祖棻　著
唐人七绝诗浅释	沈祖棻　著
道教徒的诗人李白及其痛苦	李长之　著
英美现代诗谈	王佐良　著　董伯韬　编
闲坐说诗经	金性尧　著
陶渊明批评	萧望卿　著

古典诗文述略	吴小如　著
诗的魅力 ——郑敏谈外国诗歌	郑　敏　著
新诗与传统	郑　敏　著
一诗一世界	邵燕祥　著
舒芜说诗	舒　芜　著
名篇词例选说	叶嘉莹　著
汉魏六朝诗简说	王运熙　著　董伯韬　编
唐诗纵横谈	周勋初　著
楚辞讲座	汤炳正　著 汤序波　汤文瑞　整理
好诗不厌百回读	袁行霈　著
山水有清音 ——古代山水田园诗鉴要	葛晓音　著
红楼梦考证	胡　适　著
《水浒传》考证	胡　适　著
《水浒传》与中国社会	萨孟武　著
《西游记》与中国古代政治	萨孟武　著
《红楼梦》与中国旧家庭	萨孟武　著
《金瓶梅》人物	孟　超　著　张光宇　绘
水泊梁山英雄谱	孟　超　著　张光宇　绘
水浒五论	聂绀弩　著
《三国演义》试论	董每戡　著
《红楼梦》的艺术生命	吴组缃　著　刘勇强　编
《红楼梦》探源	吴世昌　著
《西游记》漫话	林　庚　著
史诗《红楼梦》	何其芳　著 王叔晖　图　蒙　木　编
细说红楼	周绍良　著
红楼小讲	周汝昌　著　周伦玲　整理

曹雪芹的故事	周汝昌　著　周伦玲　整理
古典小说漫稿	吴小如　著
三生石上旧精魂 ——中国古代小说与宗教	白化文　著
《金瓶梅》十二讲	宁宗一　著
中国古典小说十五讲	宁宗一　著
古体小说论要	程毅中　著
近体小说论要	程毅中　著
《聊斋志异》面面观	马振方　著
《儒林外史》简说	何满子　著
我的杂学	周作人　著　张丽华　编
写作常谈	叶圣陶　著
中国骈文概论	瞿兑之　著
谈修养	朱光潜　著
给青年的十二封信	朱光潜　著
论雅俗共赏	朱自清　著
文学概论讲义	老　舍　著
中国文学史导论	罗　庸　著　杜志勇　辑校
给少男少女	李霁野　著
古典文学略述	王季思　著　王兆凯　编
古典戏曲略说	王季思　著　王兆凯　编
鲁迅批判	李长之　著
唐代进士行卷与文学	程千帆　著
说八股	启　功　张中行　金克木　著
译余偶拾	杨宪益　著
文学漫识	杨宪益　著
三国谈心录	金性尧　著
夜阑话韩柳	金性尧　著
漫谈西方文学	李赋宁　著
历代笔记概述	刘叶秋　著

周作人概观	舒　芜　著
古代文学入门	王运熙　著　董伯韬　编
有琴一张	资中筠　著
中国文化与世界文化	乐黛云　著
新文学小讲	严家炎　著
回归，还是出发	高尔泰　著
文学的阅读	洪子诚　著
中国文学1949—1989	洪子诚　著
鲁迅作品细读	钱理群　著
中国戏曲	么书仪　著
元曲十题	么书仪　著
唐宋八大家 ——古代散文的典范	葛晓音　选译
辛亥革命亲历记	吴玉章　著
中国历史讲话	熊十力　著
中国史学入门	顾颉刚　著　何启君　整理
秦汉的方士与儒生	顾颉刚　著
三国史话	吕思勉　著
史学要论	李大钊　著
中国近代史	蒋廷黻　著
民族与古代中国史	傅斯年　著
五谷史话	万国鼎　著　徐定懿　编
民族文话	郑振铎　著
史料与史学	翦伯赞　著
秦汉史九讲	翦伯赞　著
唐代社会概略	黄现璠　著
清史简述	郑天挺　著
两汉社会生活概述	谢国桢　著
中国文化与中国的兵	雷海宗　著
元史讲座	韩儒林　著

魏晋南北朝史稿	贺昌群　著
汉唐精神	贺昌群　著
海上丝路与文化交流	常任侠　著
中国史纲	张荫麟　著
两宋史纲	张荫麟　著
北宋政治改革家王安石	邓广铭　著
从紫禁城到故宫 ——营建、艺术、史事	单士元　著
春秋史	童书业　著
明史简述	吴　晗　著
朱元璋传	吴　晗　著
明朝开国史	吴　晗　著
旧史新谈	吴　晗　著　习　之　编
史学遗产六讲	白寿彝　著
先秦思想讲话	杨向奎　著
司马迁之人格与风格	李长之　著
历史人物	郭沫若　著
屈原研究（增订本）	郭沫若　著
考古寻根记	苏秉琦　著
舆地勾稽六十年	谭其骧　著
魏晋南北朝隋唐史	唐长孺　著
秦汉史略	何兹全　著
魏晋南北朝史略	何兹全　著
司马迁	季镇淮　著
唐王朝的崛起与兴盛	汪　篯　著
南北朝史话	程应镠　著
二千年间	胡　绳　著
论三国人物	方诗铭　著
辽代史话	陈　述　著
考古发现与中西文化交流	宿　白　著
清史三百年	戴　逸　著

清史寻踪	戴　逸　著
走出中国近代史	章开沅　著
中国古代政治文明讲略	张传玺　著
艺术、神话与祭祀	张光直　著 刘　静　乌鲁木加甫　译
中国古代衣食住行	许嘉璐　著
辽夏金元小史	邱树森　著
中国古代史学十讲	瞿林东　著
历代官制概述	瞿宣颖　著
宾虹论画	黄宾虹　著
中国绘画史	陈师曾　著
和青年朋友谈书法	沈尹默　著
中国画法研究	吕凤子　著
桥梁史话	茅以升　著
中国戏剧史讲座	周贻白　著
中国戏剧简史	董每戡　著
西洋戏剧简史	董每戡　著
俞平伯说昆曲	俞平伯　著　陈　均　编
新建筑与流派	童　寯　著
论园	童　寯　著
拙匠随笔	梁思成　著　林　洙　编
中国建筑艺术	梁思成　著　林　洙　编
沈从文讲文物	沈从文　著　王　风　编
中国画的艺术	徐悲鸿　著　马小起　编
中国绘画史纲	傅抱石　著
龙坡谈艺	台静农　著
中国舞蹈史话	常任侠　著
中国美术史谈	常任侠　著
说书与戏曲	金受申　著
世界美术名作二十讲	傅　雷　著

中国画论体系及其批评	李长之　著
金石书画漫谈	启　功　著　赵仁珪　编
吞山怀谷 ——中国山水园林艺术	汪菊渊　著
故宫探微	朱家溍　著
中国古代音乐与舞蹈	阴法鲁　著　刘玉才　编
梓翁说园	陈从周　著
旧戏新谈	黄　裳　著
民间年画十讲	王树村　著　姜彦文　编
民间美术与民俗	王树村　著　姜彦文　编
长城史话	罗哲文　著
天工人巧 ——中国古园林六讲	罗哲文　著
现代建筑奠基人	罗小未　著
世界桥梁趣谈	唐寰澄　著
如何欣赏一座桥	唐寰澄　著
桥梁的故事	唐寰澄　著
园林的意境	周维权　著
万方安和 ——皇家园林的故事	周维权　著
乡土漫谈	陈志华　著
现代建筑的故事	吴焕加　著
中国古代建筑概说	傅熹年　著
简易哲学纲要	蔡元培　著
大学教育	蔡元培　著 北大元培学院　编
老子、孔子、墨子及其学派	梁启超　著
春秋战国思想史话	嵇文甫　著
晚明思想史论	嵇文甫　著
新人生论	冯友兰　著

中国哲学与未来世界哲学　冯友兰　著
谈美　朱光潜　著
谈美书简　朱光潜　著
中国古代心理学思想　潘　菽　著
新人生观　罗家伦　著
佛教基本知识　周叔迦　著
儒学述要　罗　庸　著　杜志勇　辑校
老子其人其书及其学派　詹剑峰　著
周易简要　李镜池　著　李铭建　编
希腊漫话　罗念生　著
佛教常识答问　赵朴初　著
维也纳学派哲学　洪　谦　著
大一统与儒家思想　杨向奎　著
孔子的故事　李长之　著
西洋哲学史　李长之　著
哲学讲话　艾思奇　著
中国文化六讲　何兹全　著
墨子与墨家　任继愈　著
中华慧命续千年　萧萐父　著
儒学十讲　汤一介　著
汉化佛教与佛寺　白化文　著
传统文化六讲　金开诚　著　金舒年　徐令缘　编
美是自由的象征　高尔泰　著
艺术的觉醒　高尔泰　著
中华文化片论　冯天瑜　著
儒者的智慧　郭齐勇　著

中国政治思想史　吕思勉　著
市政制度　张慰慈　著
政治学大纲　张慰慈　著
民俗与迷信　江绍原　著　陈泳超　整理

政治的学问	钱端升　著　钱元强　编
从古典经济学派到马克思	陈岱孙　著
乡土中国	费孝通　著
社会调查自白	费孝通　著
怎样做好律师	张思之　著　孙国栋　编
中西之交	陈乐民　著
律师与法治	江　平　著　孙国栋　编
中华法文化史镜鉴	张晋藩　著
新闻艺术（增订本）	徐铸成　著
经济学常识	吴敬琏　著　马国川　编

中国化学史稿	张子高　编著
中国机械工程发明史	刘仙洲　著
天道与人文	竺可桢　著　施爱东　编
中国医学史略	范行准　著
优选法与统筹法平话	华罗庚　著
数学知识竞赛五讲	华罗庚　著
中国历史上的科学发明（插图本）	钱伟长　著

出版说明

“大家小书”多是一代大家的经典著作，在还属于手抄的著述年代里，每个字都是经过作者精琢细磨之后所拣选的。为尊重作者写作习惯和遣词风格、尊重语言文字自身发展流变的规律，为读者提供一个可靠的版本，“大家小书”对于已经经典化的作品不进行现代汉语的规范化处理。

提请读者特别注意。

北京出版社